Krankheiten überfallen den Menschen nicht wie ein Blitz aus heiterem Himmel, sondern sind die Folgen fortgesetzter Fehler wider die Natur.

Hippokrates

Dennis Raspe

NORMAL MACHT KRANK

tredition®

Besuch mich im Internet:
www.dennisraspe.com

Herausgeber: Dennis Raspe
Autor: Dennis Raspe
Umschlaggestaltung, Illustration: Dennis Raspe
weitere Mitwirkende: Jenny Raboldt (M.Sc. Soz. + Psych.)

Verlag & Druck: tredition GmbH, Halenreie 40-44, 22359 Hamburg
ISBN Paperback: 978-3-7497-4938-6
ISBN Hardcover: 978-3-7497-4939-3
ISBN E-Book: 978-3-7497-4940-9

Bibliografische Information der Deutschen Nationalbibliothek:
Die Deutsche Nationalbibliothek verzeichnet diese Publikation in der Deutschen Nationalbibliografie; detaillierte bibliografische Daten sind im Internet über http://dnb.d-nb.de abrufbar.

Inhaltsverzeichnis

Vorwort

Wenn man sich die Entwicklungsgeschichte der Erde anschaut, hat es die Menschheit geschafft, innerhalb kürzester Zeit seine Umwelt sehr zum Negativen zu verändern. Zu denken ist hier an Atomtests, Kriege, atomare Unfälle sowie viele andere Vorfälle, die Strahlungen verursacht haben, die noch für lange Zeit anhalten werden. Die Schäden der Umwelt durch große Mengen Müll, Abgase, Kohle, Öl, Chemikalien und Plastik sind noch nicht im vollen Umfang absehbar. All die giftigen Elemente, die in die Luft, in das Grundwasser und ins Erdreich gelangen, schädigen unseren Planeten für Jahrzehnte, wenn nicht sogar Jahrhunderte. Deutschland und viele andere Länder sind mit Strahlungen aus Radio-, Mikrowellen und elektromagnetischen Bereichen übersättigt. Wen wundert es da eigentlich noch, dass immer mehr Menschen schwer und chronisch erkranken? Niemand von uns kann die bereits vorhandenen negativen Einflüsse einfach wieder ungeschehen machen oder sich der Wirkung all dieser Umweltgifte entziehen. Wie man sich dennoch vor den Gefahren unserer Umwelt und Gesellschaft schützen kann, damit beschäftige ich mich seit einigen Jahren intensiv.

Das Gefahrenbild hat sich verändert und ist mittlerweile gut getarnt und für den Laien nicht mehr offensichtlich erkennbar. Krank machende Wirkungen treten zeitversetzt ein, weshalb ein Zusammenhang nur schwer nachweisbar ist. Was früher der Säbelzahntiger und das kriegerische Nachbardorf war, ist heute WLAN und Feinstaub.

Die Gesundheit ist das wertvollste Gut des Menschen. Zu unachtsam gehen wir im Alltag mit diesem Gut um und riskieren die Entstehung von Krankheiten. Viele Menschen haben verlernt, auf die Signale des eigenen Körpers und der Psyche zu achten und schädliche Einflussfaktoren zu vermeiden.

Aufgabe dieses Buches ist es, dir viele wertvolle Informationen zu liefern, die dir helfen sollen eine bewusste Lebensweise zu entwickeln, um widerstandsfähiger gegen die Umweltverschmutzungen zu werden und die Qualität deines Lebens und deiner Gesundheit nachhaltig zu verbessern. Ich möchte dir zeigen, wie du potentielle Gefahren aus deinem Umfeld verbannst, damit du schnell die positiven Auswirkungen einer gesunden Lebensart feststellen kannst. Weiterhin sollen meine Informationen deine Wahrnehmung schärfen, sodass du schnell hinter deinen normalen Gewohnheiten die eigentlichen Gefahren erkennen und vermeiden kannst.

Ist eine Krankheit erst einmal ausgebrochen wirst du Teil des Gesundheitssystems. Dann ist es umso schwieriger die Zügel für die eigene Gesundheit zurückzugewinnen. Es ist der vermeintlich einfachere Weg sich eine Pille einzuwerfen, als diszipliniert nach krankmachenden Ursachen zu forschen und diese zu eliminieren. Genau aus diesem Grund solltest du bereits heute beginnen etwas in deinem Leben zu verändern.

1. Keine Krankheit ohne Ursache

1. Keine Krankheit ohne Ursache

Seit einigen Jahren bin ich bereits in diversen Naturheilpraxen tätig und die Arbeit mit den Menschen im Gesundheitsbereich bereitet mir große Freude. Doch mich störte schon immer die Tatsache, dass in den meisten Fällen nicht effektiv genug gearbeitet wird und oftmals regelrecht kranke Menschen durch die Medizin „produziert" werden. Mit dieser Tatsache kam ich nicht mehr zurecht und folgte meiner Vorstellung von Ursache und Wirkung. Aus diesem Grund habe ich damit begonnen, gesunde Menschen zu beraten und dafür zu sorgen, dass diese möglichst nicht krank werden oder besser gesagt möglichst lange gesund bleiben.

Bereits als Kind animierten mich die Erzählungen meiner Uroma, die regelmäßig zu einem Wahrsager nach Halle (Saale) fuhr, mich für Wunderheilungen und parapsychologische Phänomene zu begeistern. Der Fall „Olivia Pilhar" im Jahr 1995 verstärkte mein Interesse auf diesem Gebiet, sodass ich begann zu forschen.

Im Jahr 2008 durfte ich über das Internet eine Frau aus Berlin kennenlernen. Diese Bekanntschaft hat mein Leben völlig verändert. Diese Frau litt schon damals an Multiple Sklerose, die Ursache hierfür war ungeklärt und die Krankheit schritt unaufhaltsam und vor allem unheilbar voran. Mit dieser Tatsache wollte ich mich nicht einfach abfinden. Schließlich waren meine Gefühle für diese Frau sehr stark ausgeprägt. Folglich fing ich damals damit an, ohne medizinisches Wissen nachzuforschen, was unternommen werden könnte. Das Ergebnis war nach einiger Zeit gefunden und ernüchternd: außer der Reduktion der Entzündungen mittels Kortison kann medizinisch nichts getan werden.

Es sei denn, man begibt sich in den Bereich der Naturheilverfahren und esoterischen Behandlungen. Daraufhin absolvierte ich ein Praktikum bei einer Heilpraktikerin sowie einer Reikilehrerin. Mein Interesse an der betroffenen Frau aus Berlin schwand zwar, doch ich interessierte mich immer stärker für die Naturmedizin. In meiner ganzen Laufbahn konnte ich immer wieder feststellen, dass es nicht möglich ist zu erkranken, ohne dass es für die Krankheit eine Ursache gibt, auch wenn einem diese nicht immer auf dem Silbertablett serviert wird. Von diesem Zeitpunkt an versuchte ich stets die Ursache für eine bestehende Krankheit aufzuspüren.

Mein Buch soll aber kein allgemeingültiges Ratgeberbuch bei bestehender Diagnose sein. Vielmehr möchte ich darüber aufklären, welche typischen Krankheitsursachen es gibt und wie viele davon in unserem gewöhnlichen Alltag versteckt sind. Versteckt werden diese Gefahren durch den Schleier der Normalität. Du hinterfragst es nicht mehr, weil es eben normal und alltäglich ist und das Verhalten der breiten Masse widerspiegelt. Du hast nun die Möglichkeit, diese Gefahren auszuschalten und Erkrankungen zu verhindern. Meine Absicht ist es, dass dein Bewusstsein dafür geschärft wird und du und jeder andere die Möglichkeit hat, diese Ursache rechtzeitig zu beseitigen.
Sieh es als Gesundheitsoptimierungsbuch für alle Bereiche, das dir hilfreiche und anwendbare Informationen liefert.

Damit sich die größtmögliche Wirkung entfalten kann, ist es wichtig, dieses Buch im Ganzen zu verstehen. Großen Stellenwert hat dabei das Gesetz von Ursache und Wirkung, das sowohl bei Krankheiten als auch Gesundheit gilt. Das Lesen, Verstehen und Anwenden meiner Hinweise in diesem Buch ist also die nächste Ursache deiner

Gesundheit. Je mehr nützliches Wissen aus diesem Buch du in deinen Alltag integrierst, desto mehr Gefahren kannst du ausschalten und umso gesünder und länger leben. Denn meine Maßnahmen ergänzen einander und verstärken sich gegenseitig. Das Ziel dieses Buches besteht darin, dir dabei zu helfen, deine Lebenszeit zu verlängern und deine Lebensqualität zu steigern. Es klingt vielleicht banal, doch wenn du länger lebst, kannst du länger von deiner eingezahlten Rente leben und durch weniger „krank sein", sparst du bares Geld. Du wirst widerstandsfähiger und gehst glücklicher, bewusster und selbstbestimmter durchs Leben.

2. Gefahren der Normalität

Dieses Buch ist, wie bereits erwähnt, weder ein typischer Ratgeber, der dir hilft Krankheiten zu überwinden, noch ein Ersatz für Therapien bei schweren Erkrankungen. Vielmehr soll es verhindern, dass diese überhaupt entstehen, frei nach dem Motto „Vorbeugen ist besser als heilen". Meine Erkenntnisse sollen dir helfen, widerstandsfähiger, gesünder und stärker zu werden, damit dir die krank machenden Gegebenheiten unserer modernen Welt nicht so viel anhaben können. Hektik, schlechte Nahrungsmittelqualität, Lärm, schlechte Luft, Ärger, Ängste und Mangel können dann bei dir ihre volle Wirkung nicht entfalten.

Früher waren die Gefahren einfacher zu erkennen, denn ihre schädliche Wirkung trat unmittelbar ein. Es gab viel weniger gefährliche Einflüsse als heute. Doch parallel zur technischen Entwicklung des Menschen, stieg die Anzahl der Krankheitsursachen exponentiell. Dass Fliegenpilze nicht essbar und sehr giftig sind, starke Halluzinationen verursachen und die Vergiftung zum Tod führen kann, weiß mittlerweile (fast) jeder. Niemand von klarem Verstand würde ohne Schutz in ein Bienennest fassen, um an den Honig zu kommen. Jeder weiß, dass Bienen darauf mit einem Angriff reagieren würden. Bienenstiche sind sehr schmerzhaft und auch das Gift, das sie verabreichen kann unter ungünstigen Umständen zum Tod führen. Auch springt wohl niemand ungesichert von einem zehn Meter hohen Felsen.

Der Selbsterhaltungstrieb, die Angst vor Schmerz und Tod schützen den Menschen gefährliche Dinge zu tun. Ganz anders verhält es sich bei den heutigen, neuen Gefahren. Sie verstecken sich in Möbeln,

Spielzeug, Nahrungsmitteln und vielen Gewohnheiten und tragen verharmlosende Namen wie Mikrowelle, Gummibärchen und „Sektchen".

Viele Gewohnheiten unseres Alltags sind so normal und selbstverständlich, dass es uns schwer fällt diese überhaupt noch wahrzunehmen, geschweige denn als Gefahr zu klassifizieren. Diese neuen, meist versteckten Gefahren, zeigen ihre schädliche Wirkung erst viel später als schwere oder chronische Krankheiten.

Stell dir vor, zwei gleich große Felsbrocken liegen in einem reißenden Fluss. Der eine besteht aus Sandstein, der andere aus Granit. Beides sind Gesteine, aber in ihren Härteeigenschaften verschieden. Der Fluss mit seinem ganzen Wasser, Geröll und Treibgut stellt den Zeitfluss und die Felsbrocken darin stellen jeweils einen Menschen dar. Nach 100 Jahren hat der Fluss an dem Sandstein deutliche Spuren hinterlassen, ihn vielleicht sogar völlig zerstört. Am Granitfelsen ist deutlich weniger Abnutzung zu sehen. Das liegt daran, dass Granit gegenüber Wasser widerstandsfähiger ist als Sandstein. Und genau das geschieht mit dir, wenn du die Ratschläge in diesem Buch beachtest. Du wirst widerstandsfähiger gegen die Spuren des Lebens. Sie können weniger Schaden bei dir anrichten.

Der Mensch hat unsere Erde schon so weit zum Negativen verändert, dass es unmöglich ist, in natürlicher Art und Weise zu leben. Selbst dann nicht, wenn man es will. Für Menschen der modernen Gesellschaften ist es Normalität geworden. In Deutschland gibt es keine Flächen mehr, die ursprünglich erhalten geblieben sind. Die Landwirtschaft versprüht ihre Pestizide und belastet Böden und Grundwasser. Kohlekraftwerke, Industrie und Verkehr verpesten

Luft, Flüsse und Seen. Hochspannungsleitungen, Mobilfunksende-anlagen und W-LAN in den Häusern hüllen fast das ganze Land in eine Glocke unnatürlicher Strahlung und elektromagnetischen Feldern. Diejenigen, die diese Strahlung absondern, haben ihre Befürworter, die regelmäßig das Volk beruhigen und die Gefährlichkeit dieser Strahlung deutlich verharmlosen. Entgegengesetzte Erkenntnisse kosteten bereits dem ein oder anderen Forscher die wissenschaftliche Karriere. Schließlich wollen sie mit ihren Anlagen Geld verdienen, denn sie sind Teil des wirtschaftlichen Wachstums und der Motor in der heutigen Zeit. Stagnierendes Wachstum wäre eine Katastrophe für die Mächtigen, für die Erde und die Menschen jedoch ein Segen. Doch steigender Energiebedarf kann nicht mit einer zunehmenden Zahl an Windparks bei gleichzeitigem Atomausstieg gedeckt werden. Windparks in unmittelbarer Nähe zum Wohnplatz sind heute vielleicht normal, machen aber leider krank. Das ist bewiesen. Die einzige Lösung ist ein Neuanfang auf einer vernünftigen Basis. Jeder, vor allem die Industrie, muss sich im Energieverbrauch einschränken.

Da die schädliche, gesundheitsgefährdende Wirkung unserer modernen Welt oft erst zeitverzögert eintritt, nehmen sie die meisten Menschen als solche nicht wahr. Betrachten wir aus der Physik den Energieerhaltungssatz: Dieser besagt unter anderem, dass eine bestimmte Menge an Energie immer die gleiche Wirkung entfaltet oder Kraft freisetzt. Setzt man diese Energie über einen längeren Zeitraum frei, ist die Wirkung bei gleichen Voraussetzungen dieselbe. Bedenke, dass der Mensch bis zu einem gewissen Grad die Fähigkeit hat, sich zu regenerieren, also die Spuren des Lebens permanent zu reparieren. So lässt sich ein Zusammenhang zwischen Ursache und

Wirkung nur schwer erkennen, da die Selbstheilung des Körpers permanent gegen die Schäden ankämpft. Denken wir noch einmal an den Fluss mit den Felsbrocken: Wäre die durchfließende Wassermenge nur halb so groß, bräuchte das Wasser doppelt so lange, um den gleichen Schaden anzurichten.

Ein weiterer gefährlicher Aspekt unserer normalen Welt sind Mobilfunksendemasten. Völlig selbstverständlich reihen sie sich ein in unsere Umgebung und zerstören Mensch und Natur. Eine Gesundheitsgefahr geht von diesen Anlagen nicht aus, glaubt man den Forschungen wirtschaftsfreundlicher Institute. Doch wer dort hinaufklettert, begibt sich in Lebensgefahr. Du musst wissen, dass diese Sendeanlagen Mikrowellen abstrahlen. Die thermische Wirkung dieser Anlagen ist enorm. Stellst du dich lange genug in zu geringem Abstand vor eine dieser Antennen, wirst du regelrecht gegrillt und stirbst. Da wir Menschen für eine thermische Wirkung weit genug von diesen Antennen entfernt sind, geht in diesem Punkt keine Gefahr von ihnen aus, so lange wir nicht hinaufklettern oder die Leistung dieser Anlagen nicht deutlich erhöht wird. Aber was ist mit der zell- und erbgutschädigenden Wirkung von Mikrowellen? Den Monteuren dieser Anlagen ist bekannt, dass Schädigungen des Erbguts auftreten können. Um die Gefahr zu minimieren, werden sie entsprechend zu den Sicherheitsbestimmungen im Umgang mit diesen Anlagen geschult. Doch ganz kann man den Strahlen nicht ausweichen und dementsprechend häufig sind Tumorerkrankungen und Unfruchtbarkeit als Folge von Strahlenbelastung zu beobachten. Denn die größte und weitgehend unterschätze Gefahr, die von hochfrequenter Strahlung ausgeht, sind Zellveränderungen.

Was passiert nun mit den Mikrowellen auf dem Weg von der Sendeanlage zum Boden und zum Menschen? Hebt sich die zellverändernde Wirkung durch die Entfernung auf? Nein! Unter Berücksichtigung der Fähigkeit des Menschen, sich zu regenerieren, wird die Schädigung fortlaufend repariert. Ein Tumor würde erst nach Jahren zum Vorschein kommen, natürlich immer in Abhängigkeit von weiteren schädigenden Faktoren, die in dieser Welt, wie du später noch erfahren wirst, hinzukommen. Die Energie und Wirkung der Strahlung nimmt mit Entfernung zum Sender ab. Je weiter du dich davon entfernst, umso schlechter wird der Empfang auf deinem Mobiltelefon. Je näher du ihm bist, desto größer ist die Strahlungsenergie und Signalabdeckung. Ausgenommen ist der Bereich unmittelbar vor den Sendemasten. Dieser wird von den Antennen nicht so gut abgedeckt. Du kannst das einmal testen, indem du dich mit dem Rücken zum Sendemast stellst und auf dein Mobiltelefon schaust, ob sich der Empfang dadurch verschlechtert. Das wird nicht der Fall sein, denn Mikrowellen sind so gepulst, dass sie durch Wände, aber auch Menschen hindurchgehen. Dabei übertragen sie Informationen, also Energie, auf die Wasserteilchen in deinem Körper und damit direkt auf das Erbgut. Diese Information der Mikrowellen kann die eigene Information in den Körperzellen, den DNA-Code, verändern oder sogar zerstören. Hätten wir Menschen nicht die Fähigkeit, diese Schädigungen zu reparieren, würden wir viel häufiger und früher an Tumoren erkranken, da unsere Zell-Baupläne durch die Mikrowellen und andere Einflüsse andauernd verändert werden.

Es gibt aber noch weitere Ursachen für Zivilisationskrankheiten, die auf Grund ihrer zeitverzögert einsetzenden Wirkung nicht ernst genommen werden und unter dem Deckmantel der Normalität kaum noch auffallen.

Ich vermittele dir einige Regeln, die dir helfen sollen, Gesundheitsgefahren in der modernen Welt aufzuspüren. Sie ergänzen sich mit den weiteren Informationen des Buches und ergeben ein ganzheitliches Bild.

Mit allen Informationen, die du in diesem Buch bekommst, wird sich in dir unweigerlich ein neues Bewusstsein für Körper, Geist, Gesundheit und natürliche Umgebungen entfalten. Ein wichtiger Effekt dabei ist, dass du eine klare Kompetenz erlangst „normal" und „natürlich" zu unterscheiden.

weitere Effekte dieses Buches sind:

- leistungsfähiger Körper und Geist
- schönerer Körper und Ausstrahlung
- Steigerung der Beweglichkeit, Fitness, Kraft und Ausdauer
- mehr Zufriedenheit und Harmonie
- stärkeres Selbstwertgefühl und Selbstvertrauen durch Erfolge
- straffes und gut durchblutetes Körpergewebe, weniger Krampfadern
- mehr Genuss durch frische, hochwertige und natürliche Ernährung
- zunehmende Sicherheit und Geborgenheit durch wertvolle und kraftgebende soziale Kontakte und Freunde

- Senkung des Risikos eine schwere Krankheit zu erleiden: Krebs, Adipositas, Osteoporose, Diabetes, Herzinfarkt, Schlaganfall durch mehr Bewusstsein für krankmachende Ursachen
- Senkung des Risikos als Pflegefall zu enden durch mehr Bewusstsein für krankmachende Ursachen
- Verlängerung der Lebenszeit und Lebensqualität, dadurch steht mehr Rente zur Verfügung
- Gesundheit, Selbstbestimmung und Würde im Alter

3. Drei wegweisende Regeln

Zur Förderung deiner Gesundheit und zur Schärfung deines Bewusstseins, ist die Verinnerlichung folgender drei Regeln sehr bedeutungsvoll.

3.1 Natürlich ist gesünder als normal.

Oft werden die Wörter „normal" und „natürlich" sinnhaft gleich gesetzt, obwohl sie zwei unterschiedliche Bedeutungen haben. Wenn man es genau nimmt, bedeuten sie beinahe das Gegenteil. Daher gilt:

→ *Belasse alles so natürlich wie möglich.*

Das zu verstehen, ist eine wichtige Hilfe, um gesundheitliche Risiken in der heutigen Zeit besser zu erkennen. In unserer Gesellschaft treten nämlich Gesundheitsgefahren viel häufiger als noch vor 100 Jahren auf. Doch sie sind nicht mehr so offensichtlich, da ihre Wirkung meist nicht unmittelbar, sondern zeitversetzt eintritt. Um sich besser zurechtzufinden, gibt es eine einfache Regel, wenn du dir in Gesundheitsfragen nicht sicher bist.

→ *Natürlich ist immer gesünder als normal, vorausgesetzt Körper und Geist sind gesund.*

Doch was ist normal und was ist natürlich?

Normal sind Tätigkeiten oder Gewohnheiten, der entweder die Mehrheit oder ein großer Teil einer Gesellschaft nachgehen, was aber längst nicht bedeutet, dass diese Tätigkeiten oder Gewohnheiten gesund oder logisch sind.

Natürlich ist etwas, das nicht vom Menschen geschaffen, sondern von der Natur hervorgebracht und unverändert ist. Zum Beispiel ist der Lebensraum Wald natürlich, die moderne Stadt aber normal.

In Deutschland rauchen etwa 20 Millionen Menschen. Das heißt, etwa jeder vierte Mensch konsumiert Zigaretten, allen Warnhinweisen zum Trotz. Für viele ist es normal, dass geraucht wird. Rauchen ist nicht nur unnatürlich, sondern bewiesen auch ungesund. Das bedeutet, Nichtrauchen ist natürlich und somit gesünder.

Es ist normal, Cola oder Energiedrinks zu trinken, natürlich ist aber Wasser.

Täglich acht Stunden auf der Arbeit einer sitzenden Tätigkeit nachzugehen, ist für die meisten Menschen normal. Es ist aber unnatürlich, denn der Mensch ist dafür, vor allem körperlich, nicht geschaffen.

Auch ist es normal täglich zwei Stunden oder länger fernzusehen, natürlich ist das aber nicht. Fern sehen in der Natur ist natürlich und somit gesünder.

Einen Apfel zu essen, auf dem sich Pestizidrückstände befinden, ist nicht natürlich, aber mittlerweile normal. Natürlich ist ein Apfel ohne Chemikalien.

Es ist normal, dem Ursalz durch Raffinierungsprozesse wertvolle Bestandteile zu entziehen und dafür Gifte wie Fluorid hinzuzufügen. Natürlich ist das nicht.

Einige Menschen simulieren verschiedene Erlebnisse durch ein Computerspiel. Hierbei werden nur der Geist und die Daumen, die den Controller steuern, gefordert. Natürlich wäre es, dieses in der Realität zu erleben.

Dass im Frühling Pollen herumfliegen, ist natürlich. Es ist aber nicht natürlich, dass diese Pollen mit Feinstaub oder Pestiziden behaftet sind, die dann wiederum Allergien bei Mensch und Tier auslösen können. Es ist aber auf Grund der Umweltverschmutzung als normal anzusehen. Pollen an sich sind in der Regel ungefährlich.

Ich könnte noch viel mehr Beispiele bringen, aber du wirst im weiteren Verlauf verstehen, dass auch du dir viele Gewohnheiten angeeignet hast, die dir langfristig schaden. Du hast aufgrund der Normalität dieser Tätigkeiten aufgehört deren Auswirkungen oder gar Gefahren zu hinterfragen. Erhöhst du den Anteil natürlicher Dinge in deinem Leben, erhöhst du auch deine Widerstandsfähigkeit und Gesundheit. Außerdem verdrängst du gleichzeitig den Anteil normaler Einflüsse.

Wenn die menschliche Spezies die nächsten 10.000 Jahre überlebt, könnten die heute normalen Dinge für sie zu natürlichen werden. Allerdings benötigt die Evolution Zeit, um sich anzupassen.

3.2 Immer die höhere Qualität bevorzugen.

Schlechte Qualität zeigt sich oft als Mangel oder Überfluss der einzelnen Bestandteile einer Sache.

> → *Alles, was häufig auf dich wirkt, sollte in jeden Fall von hoher Qualität sein. Das gilt für Luft, Wasser, Nahrung, Salz, Licht, Menschen, Gefühle und Sport.*

21

So ist Luft in einem Mischungsverhältnis von 20% Sauerstoff, 78% Stickstoff und 2% Edelgasen qualitativ gut zusammengesetzt. Änderst du das Verhältnis auf 12% Sauerstoff, 86% Stickstoff und 2% Edelgase, ist die Qualität auf Grund des Sauerstoffmangels und Stickstoffüberflusses schlecht. Dieses Problem beschreibt jeder Bergsteiger, der den Mount Everest bestiegen hat.

Stell dir vor, du füllst sehr gutes Quellwasser einmal in einer Glasflasche und einmal in einer Plastikflasche ab, welche du dann bei 22° Celsius eine Woche lang stehen lässt. Das Wasser in der Glasflasche hat auch nach 7 Tagen seine chemische Zusammensetzung nicht verändert, die Qualität ist gleich geblieben. Aus der Plastikflasche haben sich Bestandteile herausgelöst, die eine nicht unerhebliche Wirkung auf den menschlichen Körper haben. Zu nennen sind hier verschiedene Chemikalien und Weichmacher wie Bisphenol-A (kurz BPA), die aus dem Kunststoff auslaugen und ins Wasser gelangen. BPA, als Beispiel wirkt östrogenartig und steht im Verdacht krebsauslösend zu sein. Gleich wie Mikroplastik und Erdölbestandteile. Darum solltest du Wasser aus Glasflaschen immer bevorzugen. Glas wird aus Sand hergestellt und ist ein neutrales Naturprodukt, das keine Bestandteile an das Wasser abgibt.

Alles in bester Qualität zu erleben, ist heutzutage kaum möglich, denn das ist in der Regel mit einem höheren finanziellen Aufwand verbunden. Darum solltest du dich mindestens auf die wichtigsten Bereiche konzentrieren. Damit ist dir schon viel geholfen. Wirkt schlechte Qualität häufig, in großer Menge und lange auf dich, bedeutet das, dein Körper und Geist müssen diesen Umstand auch häufiger verkraften. Der Regenerationsaufwand ist höher und kostet mehr Energie.

3.3 Meide Gifte und Belastungen

→ *Alles, was du im puren Zustand weder essen, trinken noch einatmen und nicht auf die Haut oder Schleimhäute auftragen würdest, solltest du langfristig auch in geringer Konzentration meiden.*

→ *Dieses Prinzip gilt ebenfalls bei Elektrizität, Strahlung und Magnetfeldern, sowie bei Menschen, Tieren und Orten.*

Gifte und Belastungen aller Art summieren sich mit der Zeit. Der Körper kann einige bis zu einem gewissen Grad abbauen. Er benötigt dafür allerdings Energie, die er für andere wichtige Prozesse wie Zellregeneration oder Selbstheilung einsetzen könnte. Geringe Belastungen durch Pestizide, Weichmacher, Mineralöl in Kosmetik, Nikotin, Alkohol, Stäube, Mikroplastik oder Schwermetalle kann der Körper durch den Einsatz von Energie und Zeit abbauen. Besser ist es jedoch, diese Belastungen so gering wie möglich zu halten oder ganz zu vermeiden.

Zu beachten ist, dass Schwermetalle meist über Jahrzehnte im Körpergewebe eingelagert bleiben, bis sie wieder abgebaut sind. Dadurch ist der Zeitraum, in dem sie negativ auf den Menschen wirken und Schaden anrichten können, besonders lang. Schwermetalle sind z.B. Arsen, Cadmium, Kupfer, Blei, Quecksilber, Zinn, Kobalt, Nickel, Chrom und Antimon.

Die heute häufigsten Schwermetalle kommen hier vor:

Vorkommen	Schwermetall
Zigaretten	Cadmium
häufiger Verzehr von Wildpilzen	alle Schwermetalle
Meerestiere, Wildschwein und Innereien	alle Schwermetalle
Alte Bleirohre, Wasserleitungen	Blei
Medikamente und Kosmetika	Quecksilber
Löten	Zinn, Blei
Amalgamfüllungen	Quecksilber, Zinn
Belastungen in chemischer oder metallverarbeitender Industrie, Bergbau	Cadmium, Blei, Arsen, Quecksilber
Kunst und Hobby, schwermetallhaltige Farben	Cadmium, Quecksilber, Blei
Leuchtstoffröhren, Energiesparlampen	Quecksilber
Toner von Kopierern und Laserdruckern	Blei, Cadmium

Tabelle 1: Vorkommen der häufigsten Schwermetalle

4. Ursache und Wirkung

D as Kausalgesetz wird auch als das Gesetz von Ursache und Wirkung bezeichnet und ist, entgegen z.B. der Gesetze der Politik, nicht veränderbar. Es ist ein gültiges und unveränderbares Naturgesetz und wirkt überall auf der Erde. Das bedeutet, für alles, was existiert, jede Sache, jeden Zustand und Umstand, gibt es eine Ursache, einen Grund. Und anders herum, folgt auf jede Ursache eine Wirkung, also aus jeder Aktion resultiert eine Reaktion. Absolut nichts, das keine Ursache hat, kann existieren.

Mit Hilfe des Kausalgesetzes kann zum Beispiel die Umlaufbahn von Planeten exakt vorhergesagt oder die Traglast von Schiffen berechnet werden. Genauso verhält es sich bei den klimatischen Veränderungen auf unserer Erde, die der Mensch hauptsächlich durch Verbrennung der fossilen Rohstoffe und damit der Freisetzung von gigantischen Mengen an Treibhausgasen verursacht hat. Wird die chemische Zusammensetzung der Atmosphäre in einem geschlossenen lebendigen System wie der Erde verändert, so verändern sich auch die atmosphärischen Abläufe, die wiederum Auswirkungen auf alles haben, das auf ihr lebt.

→ *Demgemäß: Keine Krankheit kann ohne Ursache existieren.*

Die Ursache ist wesentlich eine Energie die wirkt und wirkt, solange bis sie früher oder später als Symptom oder Krankheit zum Vorschein kommt. Dieser Zeitraum kann kurz sein, sich aber auch über Jahre und Jahrzehnte hinziehen. Ein bekanntes Beispiel ist das Rauchen, das bereits in Millionen Fällen zu Lungenkrebs führte. Genauso erhöht eine über Jahre zu fett- und zuckerhaltige Ernährung bei gleichzeitigem Bewegungsmangel deutlich die Wahrscheinlichkeit, an einem Herz-Kreislaufleiden oder an Diabetes zu erkranken.

Ein großes Problem der heutigen Zeit ist, dass durch die Technisierung und Elektrifizierung der Gesellschaft sowie Entnaturalisierung der Menschen deutlich mehr Krankheitsursachen existieren als noch vor 150 Jahren. Einige Ursachen wie Fehlernährung, Bewegungsmangel, Schlafmangel, Rauchen oder übermäßiger Alkohol sind den Menschen bekannt und könnten leicht vermieden werden. Sehr häufig allerdings wird die krankmachende Wirkung in Kauf genommen, sei es aus Suchtgründen, Charakterschwäche oder weil die Gefahr verharmlost wird. Dabei wird nicht bedacht, dass sich auch kleinere Ursachen summieren und dadurch gegenseitig wie ein Dominoeffekt verstärken können. Das wiederum kann zur Verschlimmerung und Zunahme von Symptomen führen oder die Zeit bis zum Ausbruch einer schweren Krankheit wie Krebs um Jahre verkürzen.

Es gibt auch Wirkungen, zu denen es vermeintlich keine Ursache gibt. Doch laut dem Kausalgesetz ist das nicht möglich, es fehlt lediglich ein geeignetes Messinstrument oder auch Erkenntnisse, um die Ursache aufzuspüren. Zum Beispiel könnte jemand behaupten, der es nicht schon besser wüsste, unsere Luft sei ein leerer Raum, nur weil er mit seinem Messinstrument, dem Auge, die Luft nicht sehen kann. Würde er stattdessen aus einem fahrenden Auto eine Hand halten, könnte er die Luft spüren, die mit hoher Geschwindigkeit, aus nicht sichtbaren Atomen bestehend, gegen seine Hand strömt.

Das Problem der unbekannten Ursache tritt häufig bei Krankheiten auf. Viele von ihnen lernst du aber in diesem Buch kennen und kannst sie somit aus deinem Leben verbannen.

Da wir in einer dualen Welt leben, muss es neben den Krankheitsursachen auch das Gegenteil, also Gesundheitsursachen, geben. Gesundheitsursachen verursachen, wie der Name schon sagt, Gesundheit. Sie sind der Gegenspieler zu allen Ursachen, die krank machen. Gesundheitsursachen können, wenn sie stark genug sind, Krankheitsursachen positiv beeinflussen oder sogar neutralisieren. Das Ziel sollte allerdings darin bestehen, krank machende Ursachen aus dem Leben zu verbannen und gesund machende sowie gesund haltende vermehrt in den Alltag zu integrieren.

Zu den gesundheitsförderlichen Maßnahmen können körperliche als auch seelische Aspekte gezählt werden, die untrennbar zusammen gehören. So stehen eine gesunde und abwechslungsreiche Ernährung und ausreichend Bewegung an der frischen Luft stets ganz oben auf der Liste der Gesundheitsursachen. Das Gleiche gilt für das Gefühl sozialer Integration und Anerkennung oder innerer Ausgeglichenheit. Letzteres kann beispielsweise durch Meditation angestrebt werden.

→ *Wichtig! Es gibt keine neutralen Dinge. Alles, das existiert und mit dir in irgendeiner Form interagiert, hat eine Wirkung auf dich. Nur ist die Menge oft so klein, dass keine unmittelbare Wirkung feststellbar ist. Doch summieren sich auch kleine Ursachen mit der Zeit und können ihre Energie bündeln, verstärken und eine gemeinsame Wirkung entfalten.*

Da der Mensch mittlerweile ein hohes Alter erreicht, können auch kleine Energien über einen langen Zeitraum wirken und sich irgendwann als Krankheit zeigen. Aus dem Energieerhaltungssatz kann abgeleitet werden, dass eine bestimmte Menge an Gift im selben Körper stets dieselbe Menge an Energie und Wirkung frei setzt. Aufgeteilt auf zehn Jahre ist die Energiemenge die gleiche. Doch durch den langen Zeitraum kann der Körper das Gift stetig abbauen und sich regenerieren, was allerdings wertvolle Lebensenergie kostet. **Die für den Abbau- und Regenerationsvorgang benötigte Energie ist verschwendete Energie. Gesünder ist es, das Gift gar nicht erst auf dich wirken zu lassen.**

5. Zahlen und Fakten

Jeder Mensch, der geboren wird, muss auch irgendwann sterben. Was wäre, wenn du die Art und Weise beeinflussen könntest, sodass du einen schnellen und angenehmen Tod erleben könntest, anstatt eines langen und qualvollen? Wie du im vorherigen Kapitel erfahren hast, ist durch das Gesetz von Ursache und Wirkung alles beeinflussbar. Durch das Beseitigen von Krankheitsursachen lassen sich Krankheiten vermeiden. Du entziehst der Krankheit damit die Existenzberechtigung und Ausgangsenergie.

Schauen wir uns einmal die häufigsten Todesursachen im Jahr 2017 in Deutschland an: 2017 starben 932 272 Menschen an Ursachen, die auf eine Krankheit zurückzuführen sind. Die Zahl der Todesfälle, die sich auf eine nicht natürliche Todesursache begründen, stieg damit um 2,3 %.

Die folgende Statistik soll dir verdeutlichen, was dich als ein in Deutschland lebender Mensch normalerweise am Ende deines Lebens erwartet. Damit Angst zu erzeugen, ist aber nicht mein Ziel. Vielmehr soll dich diese Statistik wachrütteln und motivieren. Mit diesen Informationen kannst du entscheiden, ob du dein Leben selbst in die Hand nimmst und nach Gesundheit strebst, oder ob du die Verantwortung lieber an das Gesundheitssystem, Ärzte oder Pflegeheime abgibst. Nachfolgend siehst du eine Tabelle mit Zahlen des Statistischen Bundesamtes.

Krankheit	Todesopfer	Prozent
Herz-Kreislauferkrankungen	344.940	37
Krebs	227.474	24,4
Erkrankungen des Atmungssystems	68.055	7,3
Erkrankungen des Verdauungssystems	41.020	4,4
Verletzungen und Vergiftungen	40.088	4,3
Sonstige (z.B. Stoffwechselerkrankungen, Krankheiten des Nervensystems, Infektionen etc.)	210.693	22,6

Tabelle 2: Statistisches Bundesamt (Destatis), 2019

In den letzten 30 Jahren sind die Krebssterbefälle um 25% angestiegen. Das ist ziemlich dramatisch. Ich finde, keine dieser Arten zu sterben, ist in irgendeiner Form erstrebenswert. Mein Urgroßvater ging eines Abends zu Bett und schlief friedlich und ohne Schmerzen für immer ein. Das ist, denke ich, der Idealfall, allerdings heute die Ausnahme.

Schlimmer noch als der Tod selbst, sind Krankheiten mit langen Verläufen, Chemo- oder Strahlentherapie, durch die man über viele Jahre leidet oder sogar zum Pflegefall wird. Die Anzahl der pflegebedürftigen Menschen beläuft sich nach aktueller Datenlage auf 3,4

Millionen Menschen und wird prognostisch bis 2060 auf einen Wert von 4,53 Millionen ansteigen.

Dass es auch anders geht, möchte ich am Beispiel von berühmten Persönlichkeiten zeigen. Zu nennen sind hier der Altkanzler Helmut Schmidt (wurde 96 Jahre alt), Queen Mum (wurde 101 Jahre alt), Königin Elisabeth II (aktuell 93 Jahre) und ihr Prinzgemahl Philipp (aktuell 98 Jahre). Man kann davon ausgehen, dass diese Personen stets von den besten Ärzten, Personal Trainern und Therapeuten beraten und von den besten Köchen mit den exklusivsten Zutaten in höchster Qualität bekocht wurden. Außerdem wirkt ein sorgenfreies Leben auf der Sonnenseite, kombiniert mit einer wichtigen Lebensaufgabe, wie eine Art Kraftquelle und Antrieb und führt zu viel Gesundheit im hohen Alter.

Jetzt könnte der eine oder andere anklagen, dass Helmut Schmidt als starker Raucher dieses hohe Alter erreichte, was die krankmachende Wirkung von Zigarettenrauch möglicherweise verharmlosen würde. Ich behaupte, Helmut Schmidt hätte als Nichtraucher keine Herzinfarkte erlitten und auch der Rollstuhl wäre ihm erspart geblieben. Er schien gute physische Grundvoraussetzungen zu haben, war sehr widerstandsfähig und führte bis ins hohe Alter wichtige Aufgaben aus, die sein Lebenswerk ausmachten.

6. Die richtige Menge und Qualität von Lebensmitteln

Die richtige Ernährung ist wichtig für ein langes und gesundes Leben. Wenn du einmal genauer über die Bedeutung des deutschen Wortes Lebensmittel nachdenkst, kommst du bestimmt zum Schluss, dass es sich um ein Mittel handeln muss, welches der Mensch zum Leben benötigt. So wie ein Waschmittel ein Mittel zum Waschen, ein Heilmittel ein Mittel zum Heilen oder ein Pflanzenschutzmittel ein Mittel, um Pflanzen zu schützen, ist. Durch eine Falschinterpretation setzen viele Menschen Lebensmittel mit Essen oder Nahrung gleich. Hierbei handelt es sich genau betrachtet um Nahrungsmittel, also Mittel, die wir für die Ernährung benötigen. Die Nahrungsmittel sind nur eine kleine Gruppe der Lebensmittel. In den Nahrungsmitteln befindet sich auch ein Anteil von Lebensmitteln wie beispielsweise Eiweiß, Fettsäuren, Vitamine und Spurenelemente wie Eisen oder Magnesium. Ein Lebensmitteldiscounter müsste genau genommen Nahrungsmitteldiscounter heißen, da er ja überwiegend Nahrungsmittel verkauft und nicht Lebensmittel. Im Discounter können auch Zeitungen gekauft werden, die genau genommen nicht einmal Nahrungsmittel sind.

→ *Für Lebensmittel sind drei Versorgungszustände möglich:*
Unterversorgung/Mangel, Optimalversorgung und Überversorgung/Vergiftung. Wie diese verschiedenen Lebensmittel in Qualität, Menge und Zeitraum auf dich wirken, ist entscheidend für deine Gesundheit.

32

Das Optimum ist für den Einzelnen von mehreren Faktoren wie Alter, Geschlecht, körperliche Konstitution, Gewohnheit, Lebensraum und dergleichen abhängig.

Fehlt deinem Körper ein Lebensmittel bzw. ist er damit überversorgt, kannst du erkranken oder sogar sterben, denn Lebensmittel sind in der richtigen Menge und Qualität lebenswichtig. Dieser Prozess vom Mangel/Überdosis zur Krankheit und schließlich zum Tod ist abhängig von den Faktoren Lebensmittelart, sowie Ausprägung und Zeitraum des Mangels/der Überdosis.

Ein gutes Beispiel hierfür ist die Luft. Wird die Versorgung durch Ertrinken oder Verschluss der Atemwege unterbrochen, ist der Mensch je nach seinen körperlichen Voraussetzungen und Wassertemperatur nach etwa 5 bis 8 Minuten unwiderruflich tot. Luft, in guter Qualität, ist das zweitwichtigste Lebensmittel. Die Zusammensetzung der Luft ist entscheidend und variiert je nach Höhenmeter und Region.

6.1 Die Erde, der intakte Lebensraum

Die Erde erzeugt das Erdmagnetfeld, welches dich vor zu viel kosmischer Strahlung schützt. Mit ihrer Anziehungskraft verhindert sie, dass die Luft oder sämtliche Lebensformen ins All entweichen. Sie lässt Pflanzen gedeihen, die für den Menschen Nahrung und Sauerstoff erzeugen. Die Erde ist die Basis unserer Lebensmittel und in ursprünglicher Form perfekt zum Leben. Daher sollten wir sie nicht zu sehr umgestalten und ausrauben. Verändert der Mensch die Erde übermäßig zum Negativen, hat das auf ihn ebenfalls negative Auswirkungen, da er in vielerlei Hinsicht von einer gesunden Erde abhängig ist.

Der Mensch hat sich über lange Zeit hindurch auf einer wunderschönen Erde entwickelt. Durch sie ist er heute das, was er ist. Verändert und zerstört er sie zu sehr, wird sich der Mensch unweigerlich der Erdentwicklung anpassen, sich also ebenfalls zerstören. Die Erde ist das wichtigste Lebensmittel. Die Naturkatastrophe des Tsunamis vor der Küste Thailands im Jahr 2004 zeigt sehr deutlich, wie ein friedlicher und lebensfreundlicher Ort innerhalb von Sekunden zu einem lebensfeindlichen werden kann.

6.2 Luft in der richtigen Zusammensetzung

Ohne Luft zu atmen, sterben wir innerhalb von wenigen Minuten. Also ist Luft das zweitwichtigste Lebensmittel. Zum Leben sollte Luft ein Mischungsverhältnis von 78% Stickstoff und 20% Sauerstoff aufweisen, der Rest ergibt sich aus einigen Edelgasen.

6.3 Wasser und Salz im richtigen Verhältnis

Wasser und Salz sind gleichermaßen überlebenswichtig. Ohne diese Lebensmittel würden wichtige Körperfunktionen wie Herzschlag oder Denken nicht funktionieren. Des Weiteren reagieren diese beiden Lebensmittel miteinander. Der Körper benötigt Salz, um Wasser an seine Zellen zu binden. Andererseits ist Wasser notwendig, um das Salz zu lösen und in die richtigen Körperregionen zu transportieren. Raffiniertes Salz solltest du meiden. Ihm wurden wichtige Mineralstoffe entzogen und dafür das extrem giftige Fluorid oder Aluminiumsalz hinzugefügt. Es muss kein Himalayasalz sein. Ein gutes deutsches Steinsalz ohne Zusätze ist auch von der Natur geschaffen und mineralstoffhaltig. Bei der Qualität von Meersalz muss beachtet werden, dass der Mensch die Meere mit vielen giftigen

Stoffen wie Düngemittel, Mikroplastik und Erdöl verseucht hat. Diese finden sich natürlich auch in Spuren im Meersalz wieder.

6.4 Schlaf in bester Qualität und Menge

Ein Mensch stirbt nach etwa 7 Tagen ohne Schlaf.

Im Schlaf werden Ressourcen aufgefrischt und es finden Zellreparaturen statt. Der Geist erholt sich und verarbeitet Erlebnisse. Schlafen macht etwa ein Drittel des Tages und des Lebens aus. Guter wie schlechter Schlaf ist also von gewichtiger Bedeutung für deine Gesundheit und dein Befinden.

Je besser die Schlafqualität ist, desto besser können diese wichtigen Prozesse ablaufen. Der ideale Schlafplatz ist dunkel, ruhig, hat keine störenden Gerüche, weist eine gemütliche Matratze auf und umfasst natürliche, ungiftige Stoffe. Aus dem Schlafzimmer zu verbannen sind Mobiltelefon, elektrische Geräte, statisch aufladbare Gegenstände wie synthetische Bettdecken, Bezüge und Teppiche, Lautsprecherboxen, Ladegeräte und WLAN-Router. In jeden Fall zu meiden sind Magnetmatratzen (Matratzen mit eingenähten Magneten zur angeblichen Gesundheitsverbesserung), wie auch Magnetarmbänder und Magnetbettdecken, die es häufig auf Butter-/Kaffeefahrten in den 90er Jahren zu kaufen gab und heute noch in einigen Schlafzimmern zu finden sein dürften.

6.5 Nahrungsmittel in richtiger Zusammensetzung, Frische und Qualität

Da der Mensch unter günstigen Umständen bis zu einem Monat ohne Nahrung aufzunehmen überleben kann, habe ich sie als fünftwichtigstes Lebensmittel eingestuft.

Hier ist der Bedarf in Menge je nach Mensch unterschiedlich. Das jeweilige Optimum ist abhängig von Alter, körperlicher Konstitution, Geschlecht, Körpergröße, Wetter und Jahreszeit.

Der Bedarf an hoher Qualität ist bei allen Menschen gleich, auch wenn gerade dieser Aspekt zunehmend ignoriert wird. Auch hier gilt: natürlich ist hohe Qualität.

6.6 Sonnenlicht

Die Sonne ist die physische Lichtquelle und größte Energiequelle in unserem Sonnensystem. Ohne Sonne können dauerhaft keine Pflanze und kein Tier, auch nicht der Mensch, leben. Sonnenlicht macht glücklich. Treffen die Sonnenstrahlen auf die Haut werden Glückshormone ausgeschüttet, die Vitamin-D-Produktion angekurbelt und insgesamt fühlen wir uns vitaler und leistungsfähiger. Sonnenlicht wirkt präventiv bei Depressionen und das Licht gibt uns Sicherheit. Natürlich ist die richtige Dosierung des Sonnenlichts dabei essentiell.

Ohne Sonnenlicht kannst du theoretisch mehrere Jahre überleben. Doch die Krankheitssymptome zeigen sich bei Sonnenmangel schon viel früher. Zum Beispiel durch Antriebslosigkeit, Müdigkeit, Depression oder Vitamin-D-Mangelerkrankungen.

Der bewusste Umgang mit Sonnenlicht in Verbindung mit natürlichen Umgebungen und Bewegung kann langfristig das Risiko für Erkrankungen wie Diabetes, Herz-Kreislauf-Erkrankungen, Depressionserkrankungen und Schlafstörungen nachweislich senken. Selbst ein Spaziergang bei Tageslicht an einem bewölkten Tag hat diesen wirksamen Effekt. Es gibt mittlerweile einige Studien, die den gesundheitsfördernden Effekt natürlichen Lichts in Kombination mit der Natur nicht nur präventiv, sondern auch therapeutisch nachweisen. Und: es gibt keinerlei Nachweise über negative Auswirkungen von Aufenthalten in der Natur und der Nutzung des Tageslichts.

Sonnenlicht kann aber auch überdosiert sein. Begibst du dich nur einen Tag ungeschützt in die Sahara, wären die Verbrennungen so extrem, dass du sie nicht überleben würdest.
An dieser Stelle möchte ich ein Beispiel anbringen: Eskimovölker haben evolutionsbedingt einen geringeren Bedarf des Lebensmittels Sonne als Aborigines. Je nach Region in der man lebt und aufwächst und der damit vorherrschenden UV-Strahlung, weisen die Zellen der Haut eine unterschiedliche Anzahl Melanine auf. Melanine sind Moleküle, die im Körper wichtige Schutzfunktionen übernehmen: Sie fangen UV-Strahlung ab und neutralisieren deren schädliche Wirkung. Die Anzahl der Melanine in den oberen Hautschichten regelt außerdem den Vitamin-D-Haushalt. Für den Eskimo stellt die Sonne Australiens nach kurzer Zeit eine starke Belastung, also ein gesundheitliches Risiko, dar. Eigentlich ist die Belastung durch die australische Sonnenintensität für Aborigines und Eskimos gleich, doch für den Eskimo ist die Beanspruchung deutlich höher. Je weniger Melanin die Haut eines Menschen aufweist (Eskimo), desto weniger Reparaturmechanismen können dessen Zellen mobilisieren, um Schädigungen der UV-Strahlung zu reparieren. Andererseits würde der Aborigine nach einiger Zeit am nördlichen Polarkreis wahrscheinlich an einer Sonnenlicht-Mangelerkrankung leiden. Da

seine Haut evolutionsbedingt mehr Melanin aufweist, kann die Sonnenstrahlung am nördlichen Polarkreis nicht tief genug eindringen, um die wichtige Synthese von Vitamin D in Gang zu setzen.

6.7 Aufmerksamkeit und soziale Kontakte

Aufmerksamkeit von anderen Menschen und ein starkes soziales Umfeld sind ebenfalls ein wichtiges Lebensmittel. Es gilt als bewiesen, dass vereinsamte und isolierte Menschen häufiger an geistigen und körperlichen Krankheiten erkranken und das Sterberisiko doppelt so hoch liegt, wie bei gut vernetzten Menschen. Außerdem liegt die Selbstmordrate bei isolierten Menschen um ein Vielfaches höher als bei denen, die an Familien-, Vereins- oder Gesellschaftsleben teilnehmen. Der moderne Lebenswandel der westlichen Kulturen ist heutzutage ein zusätzlicher Förderer von Einsamkeit. Darüber können auch keine virtuellen Bekanntschaften der einschlägigen Onlineportale hinweghelfen. Im Gegenteil: virtuelle Netzwerke besitzen ein großes Suchtpotential und fördern Neid und Depressionen. Studien dazu fanden heraus, dass Einsamkeit und ein Mangel an sozialen Beziehungen ebenso schädlich für die Gesundheit sind, wie das Rauchen von täglich ca. 15 Zigaretten. Einsamkeit ist sogar doppelt so schädlich wie Fettleibigkeit. Und dieser Zusammenhang zwischen sozialen Kontakten und Sterblichkeit ist alters-, geschlechts-, und sozialstatusunabhängig. Für einen positiven Effekt sorgt sicherlich auch die Qualität der sozialen Kontakte. Miesepeter und Freunde, Bekannte oder Familienmitglieder, die dich dauerhaft viel Energie kosten ohne dir Kraft zu geben, können dich ebenso krank machen. Es gilt sich mit Menschen zu umgeben, die dir gut tun. Menschen, mit denen du Gedanken austauschen kannst, die Verständnis für dich haben und dir in schweren Zeiten Trost spenden.

6.8 Lebensmittel grob- und feinstofflich

Die folgende Tabelle zeigt die Lebensmittel geordnet nach Wichtigkeit auf.

Lebensmittel		Zeitraum bis Eintritt des Todes bei Mangel o. Vergiftung
Luft 20% Sauerstoff 78% Stickstoff + Edelgase		5 Minuten
Wasser		3 Tage
Salz		3 – 4 Tage
Nahrung		20 – 30 Tage
Nahrungsmittel Kohlenhydrate, Eiweiße, Fette, Mengenelemente, Spurenelemente, Mineralstoffe, Vitamine etc.		variiert
Schlaf		3 – 10 Tage

Sonne		Tage bis Jahre
Erdmagnetfeld		Minuten bis Jahre, je nach Art und Menge der kosmischen Strahlung
Emotionen Freude, Zuneigung, Aufmerksamkeit, Liebe, Harmonie, Kommunikation, Neugier		mehrere Jahre
Erdstrahlung		Tage bis Jahre
Kosmische Strahlung		Minuten bis Jahre
Geld	Als Energie zum Tausch in andere Lebensmittel	mehrere Jahre

Tabelle 3: Übersicht der wichtigsten Lebensmittel

Nachfolgend sind Lebensmittel der Kategorie Feinstofflichkeit aufgelistet.

Schlaf

Schlaf in entsprechender Dosis ist wichtig für die körperliche und geistige Regeneration, Reparatur-, Umbau- und Verarbeitungsprozesse.

Sonne

Alle Bestandteile des Sonnenlichts sind wichtig. Durch Sonnencreme oder Fensterglas wird ein Teil der lebenswichtigen Informationen herausgefiltert. Ähnlich verhält es sich bei Sonnenbrillen. Der Filtereffekt hat Einfluss auf die Stimmung und Hormonproduktion. Dauersonnenbrillenträger sind gefährdeter an Depressionen zu erkranken.

Erdmagnetfeld

Das Erdmagnetfeld lässt unter anderem genau die richtige Menge kosmischer Strahlung auf die Erde, an die sich der Mensch in seiner Entwicklung angepasst hat.

Freude, Zuneigung, Aufmerksamkeit, Liebe, Harmonie, Kommunikation, Neugier

beeinflussen unsere Gefühle und Gedanken maßgeblich. Positive Emotionen bergen positive Lebensenergie.

Erdstrahlung

variiert je nach geologischer Beschaffenheit des Untergrundes. Hier gibt es positive und negative Bereiche. Das ist wichtig zu wissen um den optimalen Schlaf- oder Arbeitsplatz herauszufinden.

Kosmische Strahlung
der Mensch ist in seiner Entwicklung, in die vorherrschende Strahlung in unserem Sonnensystem, hineingewachsen. Das gilt auch astrologisch betrachtet.

> → Es ist **wichtig**, dass du folgendes verstehst: Leichte Unter- oder Überversorgung führen je nach Art des Lebensmittels langsam zu Krankheit. Schwerwiegender Mangel oder Vergiftung führen schneller zu Krankheit oder zum frühzeitigen Tod. Eine Unter- oder Überversorgung muss immer im Zusammenhang mit dem wirkenden Zeitraum und der wirkenden Menge betrachtet werden. Zum Beispiel stirbt ein Mensch nach drei Tagen ohne Wasseraufnahme unter normalen Bedingungen. Trinkt der Mensch an einem Tag 20 Liter Wasser, wird er ebenfalls sterben.

7. Belastungen erkennen und vermeiden

B ist du in der Lage Belastungen, insbesondere die unsichtbaren, zu erkennen und zu vermeiden, so steigerst du nachhaltig deine Lebensqualität.

Wie verhält es sich mit allen anderen Dingen, die nicht zu den Lebensmitteln zählen?

→ *Alles, was kein Lebensmittel ist und du nicht zum Leben brauchst, stellt eine Belastung für dich dar und muss vermieden werden!*

Belastungen existieren für dich nur als Überversorgung, also als Gift. Der Idealfall ist die Belastungsmenge null.

→ *Auch hier gilt: Je größer die Menge und die Dauer der Belastung ist, desto schwerwiegender ist die negative gesundheitliche Auswirkung!*

Die meisten Belastungen sind verschwindend gering, sodass ein Menschenleben nicht ausreicht, um Schaden anzurichten. Doch solltest du beachten, dass sich viele geringe Belastungen zu einer großen summieren, ähnlich wie sich kleine Wellen gegenseitig aufbauen und zu einer großen Welle auftürmen und ihre Kraft bündeln.

Ziehen wir das Beispiel der radioaktiven Strahlung heran. Sie existierte bereits vor den Menschen und kommt auf der Erde je nach Region natürlicherweise in geringer und unbedenklicher Konzentration vor. Der Mensch passte sich im Verlauf seiner Entwicklung an die natürlich vorkommende Radioaktivität an.

Wird die Konzentration der Strahlung erhöht und der Zeitraum gedehnt, steigt das Gesundheitsrisiko. Das Erbgut verändert sich. Die Zellen regenerieren sich jetzt nach einem fehlerhaften Plan. Eine wichtige Faustregel zu Strahlenbelastungen lautet daher:

→ *Verdoppelst du die Entfernung zur Strahlenquelle, halbierst du die Belastung.*
Halbierst du die Menge der Belastung, halbierst du den negativen Effekt.

7.1 Belastungen grobstofflich

Woran erkennst du ein **Nicht**lebensmittel? Wie identifizierst du eine Belastung? Daran, dass du bei Abwesenheit dieses „Mittels" trotzdem keinen Mangel an dieser Sache verspürst. Das solltest du jedoch nicht mit einer Spiel- oder Alkoholsucht verwechseln. Dieser vermeintliche Mangel ist eine Entzugserscheinung.

→ *Alles Materielle, das kein Lebensmittel ist und auf den menschlichen Organismus in irgendeiner Form wirkt, stellt eine Belastung dar.*

Belastungen sind für deinen Körper nutzlos. Sie müssen verkraftet und wieder ausgeschieden werden. Dieser Abbauvorgang kostet Energie. Wenn du das einmal langfristig betrachtest, kommt da eine sehr große Menge an Energie zusammen, die dein Körper besser für Reparatur- und Verjüngungsarbeiten einsetzen könnte. Jedem Menschen steht eine gewisse Grundenergie für den Tag und insgesamt für sein Leben zur Verfügung. Diese Energie kann er mit bestimmten Maßnahmen erhöhen oder verringern. Durch eine dauerhaft ungesunde und energieraubende Lebensweise senkt der Mensch sein

Energieniveau. Er ist anfälliger für Krankheiten, wird früher im Leben schwerwiegend erkranken und früher sterben. Durch eine permanente gesunde und energieaufbauende Lebensweise wird der Mensch langfristiger und auch im hohen Alter gesünder sein. Gesundheit wird dann, so wie bei mir, der Dauerzustand sein. Man könnte annehmen, dass diese Energie, die ein Mensch täglich aufbaut, zu einem Teil gespeichert wird und er sie mitnehmen kann wie eine Art Gutschrift auf ein Energiekonto. Durch energieaufbauende Maßnahmen steht deinem Körper tatsächlich viel mehr Energie zur Selbstheilung und Regeneration zur Verfügung. Dein Körper kann also anhaltend große Energiemengen zur Zellreparatur einsetzen, was im Umkehrschluss bedeutet, dass er langsamer altert und widerstandsfähiger wird.

Feststoffliche Belastungen können, genau wie Lebensmittel, über die Haut, Schleimhaut, Atemwege oder den Verdauungsapparat aufgenommen werden.

Beispiele hierfür sind **Pestizide, Feinstaub, Schwermetalle, Weichmacher und Mikroplastik** in der Nahrung sowie **Chemikalien in Kosmetik, Textilien, Elektrogeräten, Möbeln, Luft, und Wasser.**

Vor allem minderwertige tierische Produkte aus der Massentierhaltung belasten den Körper und die feinen Energiekanäle des Menschen, das sogenannte Meridiansystem.
Sie verstopfen die Energiebahnen förmlich. Auf Menschen, die sich spirituell entwickeln wollen, wirken sie wie eine Art Bremse. Aus tierischen Nahrungsmitteln erhältst du Energie wie Fett und Zucker als Antrieb, außerdem die Bausteine Eiweiß für den Muskelaufbau oder Kalzium für die Knochen.

Die Qualität des Tieres hängt schon von der materiellen Beschaffenheit der Tiernahrung ab. Diese wiederrum ist abhängig von der materiellen Beschaffenheit des Ackerbodens.

Du musst wissen, dass das in der Massentiererhaltung eingesetzte Futtermittel, aber auch die für Menschen konventionell erzeugte pflanzliche Nahrung, von Äckern stammt, die seit hunderten von Jahren bewirtschaftet werden. Das heißt, jedes Mal, wenn dort eine Pflanze wächst, entzieht sie dem Boden Mineralien. Wird die Pflanze geerntet, statt im gleichen Boden zu verrotten, verarmt dieser mit der Zeit an einigen wichtigen Elementen. Ein konventioneller Ackerboden wird in der Regel nur mit Drei-Komponenten-Düngern und Gülle gedüngt. Er hat keine Zeit, sich zu regenerieren. Er ist quasi leer. Denn woher sollen auch die Elemente in so kurzer Zeit kommen, wenn sie niemand wieder hineingibt? An dieser mangelnden Elementenvielfalt unserer Böden kann auch eine Rotation in der Bepflanzung kaum etwas verändern.

Für Tiere, die Futter aus dieser Bodenquelle erhalten, bedeutet das ebenfalls ein Mangel wichtiger Elemente. Verfolgst du die Kette weiter, gelangst du zum Menschen. Der will das Fleisch, dessen Minderwertigkeit man nicht direkt ansieht, verzehren. Dem Fleisch mangelt es zwar an wichtigen Elementen, jedoch nicht an unnötigen Medikamenten. Schuld daran ist die irrsinnige und tatsächlich tonnenweise Verabreichung von Antibiotika, prophylaktischen Medikamentengaben oder Beruhigungsmitteln, die sogar noch nach dem Erhitzen nachweisbar sind. Für den Menschen birgt das ungeahnte Infektionsrisiken und die Entwicklung von Resistenzen, die nicht unmittelbar wirken. Bestimmte Keime können über Schlachtvorgänge und das verarbeitete Fleisch vom Tier auf den Menschen übertragen werden. Eine bakterielle Infektion beim Menschen kann durch eine Antibiotikaresistenz nur unzureichend behandelt werden, da das Medikament dann nicht mehr wirkt.

Darüber hinaus kommt je nach Art, Gesundheitszustand und Leidensgeschichte des Tieres die gespeicherte Negativenergie hinzu, die der menschliche Energiekörper aufnimmt. Die Traumata des Tieres sind das Karma der Wurst. Damit wird auch der fleischliche Körper beeinflusst, ähnlich der Wirkweise in der Homöopathie.

In der Homöopathie sind Globuli die Träger der energetischen Heilungsinformation. Werden Globuli eingenommen, wirkt deren Information/Energie auf den menschlichen Energiekörper, den Geist und auch das Unterbewusstsein. Dieser gibt nun die Energie/Information/Befehl weiter an den Körper, sodass er die Heilungsprozesse einleiten kann, sofern alle Voraussetzungen dafür gegeben sind. Überträgt man dieses Beispiel auf Fleisch, ist Fleisch der Träger jener Information, die das Tier an Erfahrungen und Erinnerungen in seinem Leben gesammelt hat.

→ *Glückliches Tier aus artgerechter Haltung = positive Energie/Information*

→ *unglückliches Tier aus Massentierhaltung = negative Energie/Information*

Mehr über das Zusammenspiel von physischen Körper und Energiekörper (Körper und Geist) erfährst du im Kapitel „Entspannung statt Ablenkung".

Wer Fleisch oder tierische Produkte konsumiert, sollte sie aus Gründen der Qualität und Ethik von einem kleinen regionalen Biobauernhof oder Jäger kaufen. Tierische Nahrungsmittel sind als Energielieferant und Eiweißquelle geeignet, wenn keine pflanzlichen Alternativen zur Verfügung stehen, zum Beispiel in Krisenzeiten oder bei Mangel geeigneter Lebensmitteln im Winter. Käse zum Beispiel ist veredelte Milch. Er diente früher als Reserve für den Winter, ist länger haltbar und Energie in komprimierter Form. Täglich Käse, aber auch Fleisch zu essen, ist eine Mode der letzten Jahrzehnte, eine Begleiterscheinung des Wohlstands und der Überversorgung in der westlichen Welt.

Pflanzen liefern dir ebenfalls chemische Energie für den Antrieb deines Körpers und die nötigen Bausteine für dessen Aufbau, Umbau und zur Regeneration. Hinzu kommt je nach Art und Frische der Pflanze eine positive Restlebensenergie, die der menschliche Energiekörper aufnimmt und die natürlich auch vitalisierend auf den fleischlichen Körper wirkt. Auch bei pflanzlicher Nahrung ist zu beachten, dass bereits ein reichhaltiger Boden für eine wertvolle Pflanze wichtig ist. Was die Pflanze an wertvollen Bausteinen einlagert, lagerst du wiederum in deinen Körper ein.

Stell dir vor, du willst ein Haus bauen. Du kannst es auf einem soliden Fundament sowie aus hochwertigem Holz, Sandstein und Ton kreieren. Du kannst es aber auch auf lockerem Untergrund und aus minderwertigen Baumaterialien bauen. Beides kann als Haus bezeichnet werden. Vielleicht erkennt man auch den Unterschied nicht auf dem ersten Blick. Aber Qualität setzt sich immer durch und in diesem Fall wird das hochwertige Haus das minderwertige überdauern. **Darum musst du dringend darauf achten, deinem Körper ausschließlich wertvolle Bausteine zuzuführen.**

Mikroplastik

Eine große Belastung unserer Zeit, sowohl für Körper als auch Umwelt, stellt Mikroplastik dar. Mikroplastik sind kleinste feste und unlösliche Kunststoffteilchen, die insbesondere von der Kosmetikindustrie u.a. als Binde- oder Füllmittel verwendet wird. Mikroplastik bezeichnet Plastikstücke, die kleiner als 5mm sind. Über die lokalen Abwässer gelangen diese Stoffe in die Kläranlagen, die jedoch nur einen Teil der Mikroplastikteile hinausfiltern. Seit einiger Zeit ist bekannt, dass Plastik und auch Mikroplastik eine große und irreversible Belastung für die Umwelt darstellt. Meere verschmutzen, Tiere verenden, weil sie Plastikteile mit Nahrung verwechseln und fressen und es gibt beinah keine Meeresorganismen mehr, in denen kein Plastik nachzuweisen ist. Der Bund für Umwelt und Naturschutz gab auf seiner Internetseite einen Einkaufsratgeber heraus, der Produkte verschiedener Hersteller auflistet, die Mikroplastik und andere Kunststoffe verarbeitet haben. Zahnpastafirmen verzichten allmählich auf die Zugabe von Kunststoffen, die Liste der plastikverseuchten Gesichtsreiniger, Duschgele und Shampoos ist allerdings lang. Aufmerksame Konsumenten können auf der Seite Produkte, die Kunststoffe enthalten und der Liste noch nicht zugeordnet sind, eintragen. Auf die gelisteten Firmen übt das einen gewissen Druck aus – immerhin ein Anfang. (Vgl. Bund für Umwelt und Naturschutz e.V. 2019)
Aber auch für uns Menschen stellt Mikroplastik eine schwerwiegende Belastung dar. Eine erschreckende und sehr aktuelle Studie

des Bundesumweltamtes ergab, dass die Urinproben von 2500 Kindern und Jugendlichen fast alle Rückstände von Plastikinhaltsstoffen, insbesondere Weichmachern aufwiesen. Insgesamt wurden 15 verschiedene Stoffe in den Urinproben nachgewiesen. Dabei wurden auch Stoffe gefunden, die bspw. für die Herstellung von Outdoorkleidung verwendet werden. Für einige der Stoffe existieren keine Grenzwerte und Wissenschaftler sind sich einig, dass noch zu wenig erforscht sei, wie die Summe verschiedener Kunststoffe auf den menschlichen Körper wirken. Solange das nicht geklärt ist, sollte man aus Gründen des Selbstschutzes vorsichtig sein und versuchen Plastik zu vermeiden und auf Kosmetikprodukte zurückgreifen, die keine Kunststoffe enthalten. Es ist nach aktueller politischer Lage abzusehen, dass mittelfristig auf die Verwendung von Kunststoffen als Verpackung von Nahrung und in Kosmetik verzichtet wird. Es wird bereits an Ersatzstoffen geforscht. Bis dahin sollte die Belastung aus vorbeugenden Gründen so weit wie möglich minimiert werden. **Denn: die Regierungen liegen bei Gesundheitsentscheidungen oft viele Jahre hinter den Erkenntnissen der Wissenschaftler zurück.**

Pestizide

Die in der Landwirtschaft eingesetzten Pestizide sind überwiegend vom Menschen hergestellte Chemikalien, die zum Ziel die Maximierung der Ernteerträge haben um genug bezahlbare Nahrungsmittel zu jeder Zeit bereitzuhalten. Unerwünschte Pflanzen oder Schädlinge werden damit auf einfachem Weg beseitigt.

In vielen unserer pflanzlichen Nahrungsmittel können Spuren dieser Pflanzenschutzmittel nachgewiesen werden. Ob sie nun krebserregend sind oder nicht, wird seit Jahrzehnten diskutiert. Fakt ist, dass schon häufiger nachgewiesen wurde, dass jahrelang Mittel eingesetzt wurden, denen nachgewiesen werden konnte, dass sie bei tausenden Menschen Krebs ausgelöst hatten. Denken wir hier an den Skandal um das Schädlingsbekämpfungsmittel DDT. Dichlordiphenyltrichlorethan, kurz DDT, wurde seit sein den 40er Jahren als hochwirksames Insektengift eingesetzt und galt jahrelang als ungefährlich bis man herausfand, dass es nicht nur für Insekten giftig war. Das Gift reicherte sich in der Nahrungsmittelkette an und wurde nur langsam abgebaut. DDT greift in den Hormonhaushalt ein und ist nachweislich krebsauslösend. Es dauerte Jahrzehnte bis DDT verboten wurde und vom Markt verschwand.

Aktuell befindet sich Bayer in den USA in Milliardenklagen vor Gericht. Es geht um das Unkrautvernichtungsmittel Glyphosat. Glyphosat ist das meistverkaufte Unkrautvernichtungsmittel der Welt, tötet jede Pflanze, die nicht gentechnisch verändert wurde und trägt maßgeblich zum Artensterben in der Agrarlandschaft bei. So formuliert es auch das Bundesamt für Umweltschutz. Dennoch wurden 2017 weitere fünf Jahre für die Verwendung des Mittels beschlossen. Der Landwirtschaftsminister brach im Alleingang alle gültigen Regeln und Absprachen und ermöglichte im November 2017 die weiteren fünf Jahre. Da Glyphosat zu den **Unkrautvernichtungsmitteln** und nicht zu den **Lebensmitteln** zählt, hat es meiner Meinung nach in der menschlichen Nahrung nichts zu suchen. Das Herbizid wird als „wahrscheinlich krebserregend" eingestuft, jedoch ist bekannt, dass EU-Behörden die Beweise für Krebsbefunde systematisch unter den Tisch kehrten.

Der Mensch muss sich die Frage stellen: Welche Art der Landwirtschaft und des Konsums möchte ich? Muss ich zu jeder Zeit zu jedem Nahrungsmittel Zugang haben? Kann ich selbst etwas in meiner Ernährung verändern. Bin ich bereit für pestizidfreie Nahrungsmittel aber dafür ein längeres gesundes Leben 1 Euro mehr zu bezahlen?

Mittlerweile gibt es in Deutschland ein breites Spektrum von Bio-Lebensmitteln, die in der Herstellung weitestgehend auf den Einsatz giftiger Pestizide verzichten und nachhaltige Anbaumethoden versprechen. Wer auf Nummer sicher gehen und noch mehr für seine Gesundheit tun möchte, kauft Demeterprodukte. Die Demeter-Anbauweise verzichtet komplett auf chemisch-synthetische Dünge- und Pflanzenschutzmittel. Demeter handelt nach dem Motto: dem Boden das zurückgeben, was ihm entzogen wurde. Zur Qualitätssteigerung des Bodens werden diesem spezielle Kompost- und Spritzpräparate zugefügt. Diese bestehen aus Heilpflanzen, Rindermist und Quarzmehl. Auch in der Tierhaltung verzichtet Demeter auf schmerzhafte und unwürdige Verfahren und setzt auf 100% selbst erzeugte und biologische Nahrung ohne Zusatzstoffe oder Antibiotika.

Diese sehr natürliche Art der Landwirtschaft sollte der Normalität entsprechen. Aber genau andersherum ist es der Fall. Aber selbst Bio-Lebensmittel bieten nicht in jedem Fall eine natürliche Ernährungsweise, da auch in diesen Lebensmitteln Pestizidrückstände nachgewiesen werden können. Das liegt an den nur langsam abbaubaren Giften in unseren Böden. Dennoch sind ökologisch und nachhaltig angebaute Nahrungsmittel die bessere und qualitativ hochwertigere Variante, zu der ich immer raten werde. Da diese Nahrungsmittel vergleichsweise teurer sind, ergibt sich der Vorteil einer bewussteren und durchdachteren Ernährung. Forschungen in diesem Bereich ergaben, dass Konsumenten, die zum überwiegenden

Teil Bio-Nahrungsmittel einkaufen und verzehren, die signifikant gesündere Nahrungsmittelauswahl treffen. Auch wenn Bio-Nahrungsmittel teurer sind, kannst du sie dir leisten, wenn du andere, minderwertigere Speisen dadurch ersetzt.

Außerdem: wer sich gesünder ernährt, lebt länger gesund und bekommt mehr seiner eingezahlten Beiträge aus dem Rententopf zurück.

→ *Jeder Tag Gesundheit ist kostbar.*

7.2 Belastungen feinstofflich

Alles Feinstoffliche, das nicht zur Gesunderhaltung und zum Leben benötigt wird, zählt zu den Belastungen.

Magnetfelder sowie **elektromagnetische Felder** sind mit dem menschlichen Auge nicht sichtbar. Dennoch existieren sie und sind mit spezifischen Geräten messbar. Nun gibt es einige, vor allem Baubiologen, die behaupten, diese Felder seien schädlich und andere, nämlich Energiekonzerne, die entgegnen, von ihnen gehe keine Gefahr aus. Wer hat Recht? Ich kann keine der beiden Seiten beweisen. Aber ich weiß, dass diese künstlich erzeugten Felder unnatürlich sind und nicht zu den Lebensmitteln gehören. Das erkennst du unter anderem daran, dass du bei Nichtexistenz dieser Felder keine Mangelerscheinung hättest. Außerdem gibt es Menschen, zu denen ich mich selbst auch zähle, die sehr empfindlich auf Elektrizität reagieren.

Während eines Praktikums in einem Wellnesshotel übernahm ich Aufgaben im Saunabereich und bediente Schalter eines Sicherungskastens. Wann immer viele Saunen im Betrieb waren und ich diesem

Kasten zu nahe kam, spürte ich ein Kribbeln im Gesicht und auf meiner Haut. Also kann ich sagen, dass ich zumindest in dem Zeitraum, in dem ich mich in unmittelbarer Nähe zu dem Sicherungskasten befand, eine Auswirkung des elektromagnetischen Feldes spürte. Einige Menschen sind aus baulichen oder beruflichen Gründen ständig solchen Feldern ausgesetzt. Da diese Magnet- oder elektromagnetische Felder nachweislich existieren, haben sie auch Wirkungen.

→ *Nichts, das existiert, hat keine Wirkung!*

Unsere moderne Welt, wie wir sie heute kennen, wird durch riesige Strommengen angetrieben. Unsere gesellschaftliche Leistungsfähigkeit basiert auf Elektrizität, die wiederum durch Ausbeutung und Ausschlachtung sowie Verpestung der Erde ermöglicht wird. Damit du jederzeit und überall Telefonieren, im Internet surfen und Fernsehen kannst, müssen Kohle, Öl und Gas verbrannt werden.

Es existieren aber auch natürliche Magnetfelder, die geologischen Ursprungs sind. Ob diese gut oder schlecht für den Einzelnen sind, kann durch einen Wünschelrutengänger oder mit einem Pendel geprüft werden.
Du kannst auch durch Beobachtungen der Tierwelt etwas ableiten. Hinweise auf Störfelder geben zum Beispiel Mückenschwärme oder Katzen an. Schweine oder Hunde suchen in der Regel störungsfreie Zonen zum Schlafen auf.

→ *Bei Wellen und Feldern gilt: Die Belastung nimmt proportional mit der Entfernung zum Sender ab.*

8. Die richtige Ernährung

Ernährung bezeichnet die bewusste Aufnahme fester und flüssiger Nahrungsmittel. Nahrung benötigen wir für unseren Stoffwechsel, also für Auf-, Ab- und Umbauprozesse des Körpers sowie zur Erzeugung von Energie für lebenserhaltende Prozesse und die Fortbewegung.

Nahrungsmittel bestehen bestenfalls aus Kohlenhydraten (Zucker) und Fett zur Energiegewinnung und zum Beispiel Eiweiß, Kalzium und Wasser als Baustoffe sowie Wirk- und Regelstoffen, den Mineralien, Vitaminen, Spuren- und Mengenelementen. Jeder Mensch hat unterschiedliche körperliche Voraussetzungen und somit auch verschiedene Bedürfnisse an Kalorien oder Baustoffen.

Der moderne Mensch lebt in einem Nahrungsmittelüberangebot, das ihn ständig verleitet und eine gesunde und natürliche Ernährungsweise erschwert. Es gibt dazu unzählige Empfehlungen in Bezug auf Ernährungsweisen und Diäten. Diäten kann ich nicht empfehlen, da sie meist mit einem Mangel an irgendeiner Nährstoffgruppe zusammenhängen und durch den „Jo-Jo-Effekt" ebenso fragwürdig sind.

Folgende Punkte musst du für eine **gesunde Ernährung** beachten:

- Wähle Produkte aus regionaler Erzeugung, so frisch und so unverarbeitet (natürlich) wie möglich. Dadurch werden Transportkosten und Umweltverschmutzung niedrig gehalten. Eine Ausbeutung der Arbeiter in Billiglohnländern wird vermieden, dafür wird die regionale Infrastruktur gestärkt und Arbeitsplätze werden geschaffen bzw. erhalten.

- Die Produkte sollen vollwertig und pflanzlich dominiert sein. Entscheide dich daher für eine ausgewogene, abwechslungsreiche und naturbelassene Vollwertkost. Mindestens 90 % sind pflanzlich. Getreide, Kartoffeln, Gemüse und Obst stellen die Basis dar. Greife lieber auf wenige tierische Produkte, dafür in Bio-, besser noch in Demeter-Qualität oder noch besser vom eigenen/nahegelegenen Hof zurück.

- Bevorzuge immer die beste Qualität und achte dabei auf die Zusammensetzung. Was du isst, wird durch Zellregeneration zu einem Teil deines Körpers. Deine Nahrung wird in deine Körperzellen transformiert. Darum sollte das, was du isst, stets aus der besten Qualität bestehen.

- Lege eine **vegane Woche** zur Reinigung ein. Dauerhaft vegan zu leben, ist aus organisatorischen und finanziellen Gründen nicht für jeden realisierbar. Wenn du einmal unterwegs bist, ist es gar nicht so einfach etwas Veganes zum Essen zu finden. Ich habe mir angewöhnt, jede erste Woche im Monat vegan zu leben. Das ist recht einfach zu planen und überschaubar. Außerdem setzt du dich dabei nicht so sehr unter Druck. Denn das gesteckte Ziel ist einfach zu erreichen. Außerdem brauchst du so keine Bedenken wegen eines Mangels, den eine vegane Ernährungsweise mit sich bringen könnte, zu haben.

Meiden solltest du:

- Wurst und Kasseler (Pökelsalz (Natriumnitrit)

> → Pökelsalz vermindert die Eigenschaft des Blutes Sauerstoff aufzunehmen und zu transportieren. Bei kleinen Kindern kann man eine Blaufärbung der Haut beobachten, wenn sie zu viel Pökelsalz zu sich genommen haben. Das ist auf einen Sauerstoffmangel zurückzuführen. (**Achtung! Permanenter Sauerstoffmangel wirkt karzinogen!**)

- Innereien (Schwermetalle)
- rohes Fleisch (Parasiten, wie Trichinellen oder Toxoplasmose)
- Fertiggerichte aus Dosen oder Pizza (Seelenlosigkeit, große Mengen an Zusatzstoffen)
- raffinierte Produkte wie Salz und Zucker (Extrahierung wichtiger Spurenelemente)
- Transfettsäuren in gehärteten Fett, Palmfett (krebserregend)
- Alkohol in großen Mengen (Abhängigkeit, Förderung vieler Krankheiten und negativer Eigenschaften etc.)
- zu viel oder alter Kaffee, z.b. aus Thermoskanne (übersäuert den Körper)
- Nahrungsergänzungsmittel

> → Der Körper kann synthetisch gewonnene Vitamine, Spurenelemente etc. nicht verwerten. Das Lecken an einer Eisenstange bspw. ermöglicht auch keine ergänzende Eisenaufnahme. Man benötigt das Eisen, das Pflanzen in sich eingelagert haben. Die Natur stellt eine große Bandbreite an Spurenelementen zur Verfügung, sodass nichts supplementiert werden muss.

Beispiel Vitamin B12:
Vitamin B12 kommt natürlicher Weise in Säugetieren, auf der Schale von Obst und auf der Oberfläche von Wurzelgemüse, wie Mohrrüben, vor. Da der Mensch selbst auch ein Säugetier ist, erzeugt er das benötigte Vitamin B12 selbst in seinem Darm, vorausgesetzt er ist physisch gesund und ernährt sich abwechslungsreich. Vitamin B12 Mangel ist weniger auf die Zufuhr, als auf eine schlechte Verwertbarkeit im Körper zurückzuführen.

- Getränke aus Plastikflaschen (Erdöl, BPA, unnatürliche Stoffe werden an das Getränk abgegeben)
- stark verarbeitete Nahrungsmittel (Konservierungsstoffe, Geschmacksverstärker)
- sehr dunkel gebackene Teigwaren (Acrylamid)
- dunkel gebratenes Fleisch. (Acrylamid)

Vernünftig ist, mit Hilfe eines gut durchdachten und auch langfristig umsetzbaren Plans die Ernährungsumstellung durchzuführen. Die Deutsche Gesellschaft für Ernährung empfiehlt, dass ¾ der täglich aufgenommenen Nahrung aus pflanzlichen und ¼ aus tierischen Nahrungsmitteln bestehen sollten. Da ich seit zehn Jahren Vegetarier bin und mich zwischenzeitlich acht Monate lang vegan ernährte, kann ich also aus eigener Erfahrung sagen: Mit einer abwechslungsreichen vegetarischen vollwertigen Kost erhalte ich alle Nährstoffe, die mein Körper braucht. Da wir heute mit allem versorgt werden können und es pflanzliche Nahrung im Überfluss gibt, sind wir nicht auf tierisches Eiweiß oder Fett angewiesen. Als Vegetarier esse ich pro Woche etwa zwei Eier, trinke selten Milch und verzehre hin und wieder Käse. Ich habe also die Menge an tierischen Nahrungsmitteln gesenkt, dafür allerdings ihre Qualität auf das Maximum erhöht.

Fisch.

Gelegentlich esse ich auch eine bei mir im Harz selbst gefangene und zubereitete Forelle. Wichtig hierbei ist das Gewässer, in dem sich der Fisch ernährt und lebt. Dieses liegt in einem Gebiet abseits von Menschen und Industrie. Jetzt wird der eine oder andere denken, Fisch sei doch so wichtig. Ich kann mich daran erinnern, dass ich meinen ersten Fisch mit etwa 12 Jahren gegessen habe - in Form von Fischstäbchen. Ich komme, wie bereits erwähnt, aus der ehemaligen DDR. In meiner Region war das Fischessen nicht so verbreitet und in meiner Familie gab es auch keine Angler. Was ich damit sagen möchte: Ich habe mich auch ohne Fisch trotz vermeintlichen Mangels an Omega-Fettsäuren gut entwickelt. Den ersten richtigen Fisch aß ich übrigens erst im Jahr 2001 mit 21 Jahren während eines Kroatienurlaubs. Beim Verzehr von Fisch ist weiter zu beachten, dass die Gewässer teilweise stark mit Chemikalien, Mikroplastik und Schwermetallen belastet sind und die Fische diese über die Nahrung aufnehmen und einlagern, was du selbst dann wiederum aufnimmst und einlagerst. Quellen hierfür sind unter anderem die Braunkohlekraftwerke, die in Deutschland jedes Jahr etwa sechs Tonnen Quecksilber freisetzen. Das Quecksilber wird dann vom Regen aus der Luft gewaschen und gelangt so in unsere Flüsse und Fische und von dort auf den Teller sowie in unseren Körper.

Wurst.

Was meiner Meinung nach überhaupt nichts auf unserem Teller zu suchen hat, ist Wurst. Wurst ist ein reines Genussmittel. Es befindet sich absolut nichts Lebensnotwendiges in Wurst oder Aufschnitt, aber dafür viele in unserem Körper unerwünschte Stoffe, wie gesättigte Fettsäuren, Pökelsalz, Medikamentenrückstände und künstliche Geschmacksverstärker. Es lauern Gefahren in diesen Stoffen: gesättigte Fettsäuren greifen die Gefäßwände an und Pökelsalz senkt die Fähigkeit des Blutes, Sauerstoff zu transportieren. Bestimmte Emulgatoren, Geschmacksverstärker und Konservierungsstoffe können bei dauerhaften Verzehr Unverträglichkeiten, Allergien und manche sogar Krebs auslösen. Weiterhin kritisch zu sehen, sind die Mästung mit minderwertigem Futter und vor allem die nicht artgerechte, also nicht natürliche, Haltung der Tiere. Wie Katzen, Hunde oder Pferde haben auch Kühe eine Psyche. Wird ein Tier nicht artgerecht gehalten, erkrankt die Psyche des Tieres. In Gefangenschaft zeigen Tiere Verhaltensauffälligkeiten, die darauf hinweisen. Es gibt Beispiele in der 3. Welt, wo Menschen von Geburt an in Gefangenschaft aufwachsen und auf engstem Raum leben. Diese Menschen sind geistig und körperlich krank. Gleiches geschieht mit den Tieren. Wenn du dir aussuchen könntest, ob du von einem psychisch kranken oder psychisch gesunden Tier das Fleisch isst, für welches würdest du dich entscheiden? Du kannst immer davon ausgehen, dass Tiere in Massentierhaltung leiden und psychisch krank sind.

Ein weiterer, wie ich finde, perverser Aspekt ist der Umgang mit Fleisch während der Wurstherstellung. Stell dir vor, in Deutschland wird ein Mensch des Kannibalismus überführt. Dieser Mensch hat das Fleisch eines anderen Menschen vom Körper abgeschnitten, gehackt, gefleischwolft, gecuttert, gewürzt, in einen Darm gespritzt, gebrüht und somit zu Wurst verarbeitet. Diese Wurst schmiert er dann auf sein Brot und isst es. Wie findest du das? Pervers und ekelig?

Jetzt stell dir vor, dieser Kannibale hat das Fleisch vieler Menschen vom Körper abgeschnitten, gehackt, gefleischwolft, gecuttert, gewürzt, in einen Darm gespritzt, gebrüht und somit zu Wurst verarbeitet. Wie findest du das? Noch perverser und ekeliger?

Genau das passiert mit den Tieren in der Wurstherstellung. Diese Wurst, die du auf ein einziges Brötchen geschmiert hast, ist eine Mischung aus dem vom Körper abgeschnittenen, gehackten, gecutterten, gewürzten, in einen Darm gespritzten und gebrühten Fleisch von sehr vielen Tieren. Das ist doch abartig. Man sollte doch nicht von kranken Tieren das Fleisch abschneiden, es vermischen und dann essen. Ursprünglich war es so: Ein Schwein wurde geschlachtet, verarbeitet und damit als Reserve lagerfähig gemacht. Was heute passiert, ist Fließbandschlachtung.

Dieses Beispiel soll darauf hinweisen, dass Wurst, sobald sie aus mehr als einem Tier besteht, den ursprünglichen Zweck der Konservierung von Fleisch zur Haltbarmachung, verloren hat.

Milch.

Es gibt vier interessante Punkte zur konventionellen Milch:

1. Kurz nach der Geburt (zwischen 1 und 3 Stunden) eines Kalbes wird es von der Mutter getrennt. Die Mutter und das Kalb erleben einen traumatischen Trennungsschmerz, der den gesamten Stoff-

wechsel der milchgebenden Kuh beeinflusst, wodurch eine Qualitätssenkung der Milch eintritt. Das Kalb wird wiederum mit Ersatzmilch genährt oder geschlachtet.

2. Wir Menschen und andere Säugetiere werden nach unserer Geburt je nach Spezies eine gewisse Zeit lang gesäugt. Der Mensch ist aber die einzige Art, die die eigene Muttermilch abgewöhnt und durch die einer niederen Spezies ersetzt. Ist das logisch? Milch sollte als Notnahrung gesehen werden.

3. Menschliche Bequemlichkeit: Milch ist ein billiger Energielieferant, der durch Technisierung der Molkereiwirtschaft mittlerweile von Robotern statt von Menschenhand gewonnen wird.

4. Milch ist gesund, sagen die einen. Andere behaupten sogar, sie habe eine karzinogene, also krebsfördernde, Wirkung. Ich selbst kann keine der beiden Theorien bestätigen und verzichte daher weitestgehend auf Milch, ohne dadurch irgendeinen Mangel zu verspüren.

Ist Kuhmilch wirklich die Milch auf unserem Planeten, die für uns Menschen die am besten geeignete ist? Mein Verstand sagt: Nein! Vom Standpunkt der Qualität aus betrachtet, wäre auf Grund der genetischen Ähnlichkeit von Menschen und Menschenaffen die Milch des Gorillas besser als Kuhmilch geeignet. Warum hat man sich für Kuhmilch entschieden? Es war sicherlich eine Quantitätsentscheidung, keine Qualitätsentscheidung. Die Kuh ist nicht sehr wehrhaft, leicht zu halten und kaum ein anderes Tier bietet vergleichbare Mengen an Milch. Der Gedanke eine Gorilladame von ihren Jungen zu trennen und zu melken, erscheint wiederum irgendwie seltsam und falsch. Sofern ein Gorilla in Gefangenschaft überhaupt Nachwuchs bekommen würde, was ja die Voraussetzung für die Milchproduktion ist. Die Milch der Kuh ist also Muttermilch, aber für wen? Natürlich für das Kalb. Aber damit der Mensch in profitabler Menge an die Muttermilch gelangt, muss das Kalb nach seiner Geburt von seiner Mutter getrennt werden. Stattdessen erhalten sie eine künstliche Ersatznahrung. Auch Kühe haben, wie schon erwähnt, eine Psyche. Durch die nicht natürliche Trennung von der Mutter und das unnatürliche Aufwachsen in Gefangenschaft, wird die nächste kranke und verhaltensgestörte Generation aufwachsen, Milch produzieren und/oder zu Wurst und Fleisch verarbeitet werden. Da sollte man es sich gut überlegen, ob man dieses Stück Fleisch essen möchte.

Wie kam es überhaupt dazu, dass der Mensch begann, die Muttermilch von den Kühen zu trinken?

Diese merkwürdige und unnatürliche Angewohnheit entstand vermutlich vor einigen 1000 Jahren in einer Notsituation. Ein Mensch, der kurz vor dem Verdursten oder Verhungern war, sah ein Rind, das sein Kalb säugte. Der Mensch als logisch denkendes Wesen erkannte eine Verbindung. In seiner Not fing er das Rind, band es fest und trennte es vom Kalb. So konnte er an des Kalbes statt an der Kuh saugen. Die Kuh nahm er mit nach Hause, fing weitere ein und domestizierte sie. Bedenkt man die Regel „natürlich ist gesünder als normal", sollte kein Mensch Kuh-, Schafs-, oder irgendeine andere artfremde Milch trinken. Wer unsicher ist, sollte die Menge reduzieren und auf die beste Qualität (Demeter) achten. Gleiches gilt für alle anderen tierischen Nahrungsmittel, wie Eier, Honig, Käse und Butter.

Käse wurde früher hauptsächlich im Winter gegessen. Es ist komprimierte Energie aus haltbar gemachter Milch.

Wie bereits erwähnt, unterliegt die Art und Weise der Haltung von Milchkühe unterschiedlichen Anforderungen. In der Bio- und Demeter-Haltung wird auf Artgerechtigkeit, Weidegang, sowie Verzicht auf vorbeugenden Medikamente und genetisch verändertes Futter geachtet. Eine Kuh aus einem konventionellen Betrieb sieht teilweise ihr ganzes Leben keine Weide, wird im Stall angebunden und frisst ausschließlich Kraftfutter um täglich 50 Liter Milch zu geben. Die folgende Tabelle zeigt die Unterschiede zwischen den Haltungsformen der konventionellen Milchwirtschaft sowie Bio und Demeter:

Konventionell	Bio	Demeter
Kälber werden nach 1-3 Stunden von der Mutter getrennt und mit Ersatzmilch versorgt oder geschlachtet	Kälber werden nach 1-3 Tagen von der Mutter getrennt und mit Ersatzmilch versorgt oder geschlachtet	Muttergebundene Kälberaufzucht: Kälber verbleiben 3-5 Monate bei der Mutter und trinken deren Milch
2m² Stallfläche pro Kuh, keine Außenfläche oder Weidegang vorgeschrieben	6m² Stallfläche + 4,5m² Außenfläche pro Kuh, Weidegang vorgeschrieben	6m² Stallfläche + 4,5m² Außenfläche pro Kuh, Weidegang vorgeschrieben
Enthornung von Rindern erlaubt	Enthornung von Rindern erlaubt (in ca. 70% der Betriebe praktiziert)	Enthornung ausnahmslos verboten
Anbindehaltung (noch) ganzjährig erlaubt	Anbinden verboten	

gentechnisch verändertes Futtermittel erlaubt	Kein Einsatz von gentechnisch veränderten Futter	
Futterzukauf erlaubt, synthetische Pflanzenschutz-mittel	Futterzukauf max. 50%, mind. 50% Bio-Futter aus eigenem Betrieb, bei Pflanzenfressern 60%, ohne Einsatz von synthetischen Pflanzenschutz-mitteln	Futterzukauf max. 50%, 70% der Jahresration müssen Demeter-Futter aus eigenem Betrieb sein, ohne Einsatz von synthetischen Pflanzenschutz-mitteln
Über 300 Lebensmittelzusatzstoffe erlaubt	22-23 Zusatzstoffe erlaubt	13 Zusatzstoffe erlaubt
Konventionelles Mischfutter erlaubt	Konventionelles Mischfutter ist nicht zugelassen	
Einsatz von Blutmehl-, Tiermehl- und Knochenmehldünger erlaubt	Einsatz von Blutmehl-, Tiermehl- und Knochenmehldünger sind nicht zugelassen	
Lange Tiertransporte beliebig erlaubt	max. 4 Stunden und 200km	max. 200km

Tabelle 4: verschiedene Formen der Milchwirtschaft

8.1 Milchtest

> **Mach den Milchtest!**
>
> Wie sehr dein Körper mit dem Abbau von Milch und Milchprodukten zu kämpfen hat, kannst du an dir selbst testen. Dieser Test dauert nur wenige Tage. Wichtig ist, dass du für ein klares Ergebnis abends und morgens beim Zähneputzen deine Zunge mit putzt. Das solltest du dir übrigens generell so angewöhnen. Warum? Damit die in den Zungenpapillen abgesetzten Bakterien und Schlacken beim Essen oder Schlucken dem Körper nicht wieder zugeführt werden.

Erster Tag.
An diesem Tag isst du ganz normal, trinkst zusätzlich über den Tag verteilt aber einen Liter H-Milch mit 3,5 % Fett und isst viel Schmelzkäse. Am nächsten Morgen machst du gleich als erstes jeweils ein Foto (gute, gleichbleibende Qualität) von deinem Gesicht und der Oberfläche deiner Zunge.

Deine Zunge müsste einen deutlich sichtbaren Belag haben, deine Tränensäcke sollten etwas dick sein und insgesamt siehst du etwas mitgenommen aus.

Zweiter Tag.
Ab dem zweiten Tag lebst du einfach eine Woche absolut vegan. Du verzichtest komplett auf den Verzehr von Produkten tierischen Ursprungs. Mache ebenfalls jeden Morgen immer gleich als erstes jeweils ein Foto von deinem Gesicht und eines von der Oberfläche dei-

ner Zunge. Wichtig ist, dass die Fotos immer bei gleichen Verhältnissen, also mit der gleichen Kamera, vor dem gleichen Hintergrund und bei gleichem Licht entstehen. Mit den Tagen müsste über Nacht immer weniger Zungenbelag entstehen, die Tränensäcke sollten abschwellen und du wirst insgesamt frischer und gesünder aussehen, vorausgesetzt du bist körperlich gesund.

Neunter Tag.
Ab dem neunten Tag isst du wieder ganz normal und vor allem nimmst du ordentlich Schmelzkäse und viel H-Milch zu dir. Am nächsten Morgen machst du wieder die Fotos auf die gleiche Art und Weise.

Der Zungenbelag nimmt ab jetzt wieder verstärkt zu, die Tränensäcke schwellen wieder an und du siehst weniger frisch aus. Jetzt kannst du an den vorliegenden Fotos die Auswirkungen bestimmter Nahrungsmittel auf deinen Körper vergleichen und nachvollziehen.

Bienenhonig.
Honig steht schon lange auf dem Speiseplan des Menschen. Er ist in hoher Qualität und unter Einhaltung des Artenschutzes ein natürliches Nahrungsmittel. Honig beinhaltet viele gesundheitsförderliche Stoffe und kann deshalb als gesunde Alternative zu raffiniertem Zucker betrachtet werden. Die Antioxidantien im Honig verringern das Risiko von Krebs, Schlaganfällen oder Herzinfarkten. Sie senken außerdem den Blutdruck und tragen so zu einem gesünderen, längeren Leben bei. Bei Hautkrankheiten wie Herpes oder Schuppenflechte kann Honig Linderung verschaffen. Außerdem ist er bekannt für seine entzündungshemmende Wirkung.

Raffinierter Zucker.

Bereits vor 30.000 Jahren nutzten die Menschen Honig zum Süßen. Von der Antike bis zum Mittelalter war Zucker eine seltene Ware von unschätzbaren Wert. Mittlerweile ist Zucker ein billiger industrieller Füll- und Konservierungsstoff, der die Menschen von klein auf krank macht. Die Gefahren, die von Zucker ausgehen, sind hinlänglich bekannt. Dennoch konsumieren die Menschen weltweit zu viel Zucker, insbesondere Industriezucker und gefährden damit ihre Gesundheit schwerwiegend. Eine Zuckerrübe bspw. enthält sehr viele Ballaststoffe, Vitamine und Mineralstoffe, die der Körper für die Verarbeitung benötigt. Doch durch Raffination wird das Rohprodukt (Zuckerrohr oder Zuckerrübe) sämtlicher Vitamine und Mineralstoffe beraubt. Übrig bleiben die reinen Kohlenhydrate. Zur Verarbeitung bedient sich der Organismus an körpereigenen Mineralstoffen und Vitaminvorräten. Übermäßiger Verzehr von Industriezuckerprodukten verursacht also einen Mineral- und Vitaminmangel, der einen unauffälligen und schleichenden Prozess einer großen Erkrankungsbandbreite nach sich zieht. Insbesondere **kariöse Zähne, Fettsucht, schwaches Immunsystem, Herz-Kreislauferkrankungen, Entzündungsneigung, Müdigkeit, Antriebslosigkeit** bis hin zu **Depressionen.**

Anfängliche Symptome, die darauf hindeuten, dass deine Ernährung zu viel Industriezucker aufweist, könnten sein: **Magen-Darm-Probleme, Haarausfall, Hautprobleme, Menstruationsbeschwerden, Konzentrationsschwäche, Nervosität** und **Schlafstörungen.**

Eine gesunde Ernährung sollte grundsätzlich zuckerarm sein und Industriezuckerprodukte vermieden werden. Für eine gute körperliche und geistige Entwicklung von Kindern ist das essentiell. Zum süßen von Speisen und zum Backen gibt es gute und günstige Alternativen, wie Honig oder naturreiner Zuckerrübensirup. Dieser entsteht durch das Eindicken des Zuckerrübensaftes. Achte dabei auf deutsche Hersteller und dass die Zutatenliste einzig Zuckerrüben auflistet.

Im Vergleich zu raffinierten Haushaltszucker (400kcal pro 100g) enthält Zuckerrübensirup (300kcal pro 100g) einen geringeren Brennwert sowie gute Elemente wie Folsäure, Kalium, Eisen und Magnesium. Raffinierter Zucker enthält keines dieser Elemente.

9. Die richtige Bewegung

Der Mensch ist körperlich und geistig für Höchstleistungen geschaffen. Bewegung ist neben **Entspannung** eines der besten Mittel zur **Stresssenkung**. Sind Körper und Geist aus irgendeinem Grund in den Stressmodus geraten und wird diese Energie nicht in Aktivität umgewandelt, werden die entstandenen Stresshormone nicht abgebaut und ein angespannter Zustand bleibt bestehen. Hält dieser Zustand über Monate oder Jahre an, können dadurch Krankheiten entstehen. Darum ist ein ausgewogenes Maß an natürlichen Bewegungsarten eine sehr gute Möglichkeit der Krankheitsprävention.

Noch vor 200 Jahren bewegte sich ein Mensch im Schnitt 15 Kilometer am Tag. Ich weiß noch, dass meine Uroma Lydia, Jahrgang 1915, jeden Morgen bei Wind und Wetter sieben Kilometer zu Fuß zur Schule ging und am Nachmittag wieder nach Hause, wo sie dann oft noch im Haushalt oder auf dem Acker arbeiten musste. Parallel dazu gab es damals nicht diesen Überfluss an Nahrungsmitteln, weshalb es so gut wie keine übergewichtigen Menschen gab, ausgenommen in den höheren Gesellschaftsschichten wie Adel oder Klerus. Wenn du das heutige Bewegungsverhalten und die Nahrungszufuhr der Menschen in Industrienationen betrachtest, ist eine deutliche Veränderung zum Negativen festzustellen. Bei den meisten Menschen herrscht Bewegungsmangel bei gleichzeitiger Überernährung bzw. Fehlernährung und das obendrein in schlechter Qualität.

→ *Ausgewogene natürliche Bewegung ist eine Gesundheitsursache.*

Immer mehr Menschen haben Bewegung beinah vollständig aus ihrem Alltag entfernt bzw. durch die gravierende Krankheitsursache Überernährung ersetzt und somit einen doppelten Verstärker für die Entstehung von Krankheiten geschaffen.

Der menschliche Körper ist von Natur aus eine Hochleistungs-Ausdauer-Maschine, die zu extremen Leistungen fähig ist, was er aber in der heutigen Gesellschaft nicht mehr ausleben kann.

Diese Rückentwicklung von Hochleistung zu Unterforderung verlief, im Vergleich zur gesamten evolutionären Entwicklungszeit in rasanter Geschwindigkeit. Innerhalb der letzten 50 Jahre wurde aus einem hochaktiven Menschen ein sitzender. Der menschliche Körper hat sich an diese neue Situation längst nicht angepasst, was die zunehmende Zahl der Krankheiten im Zusammenhang mit akuten Bewegungsmangel, wie Rückenschmerzen, Bildung von Krampfadern, Übergewicht und Diabetes beweist. Mittlerweile ist überwiegende Inaktivität im Alltag eher die Regel, als eine Ausnahme. Eine WHO-Studie ergab, dass sich der Anteil der inaktiven Menschen in den wohlhabenden Ländern innerhalb von 15 Jahren um 6%, also von 31% auf 37% erhöht hat. (Guthold, R. et al. 2018).

Oft sind die wenigen Bewegungen auch nur einseitig. Berufsbedingt stehen oder sitzen Menschen überwiegend, was der natürlichen Konstitution eines Menschen widerspricht. Die natürlichen Bewegungsarten sind Gehen, Laufen, Schwimmen und bedingt auch Klettern. Alle anderen Arten von Bewegung wie auch Radfahren oder Tauchen, sind für Menschen unnatürlich und sollten in Maßen betrieben werden, da sie auch für die Gesundheit schädliche Wirkungen haben können. Gegen Radfahren an sich, also eine gemütliche Radtour oder den regelmäßigen Weg zur Arbeit, ist jedoch nichts einzuwenden. Es ist sogar zu empfehlen, statt des Autos das Fahrrad zu nehmen.

Eine **optimale Menge** an Bewegung wirkt Adipositas, Diabetes, Krampfadern, Osteoporose, Muskelschwund, Depressionen, dem Burnout Syndrom, Herzinfarkt, Bluthochdruck und einer Reihe weiterer Krankheiten präventiv entgegen.
Außerdem wirkt Bewegung positiv auf alle Organsysteme, das Herz, die Durchblutung, das Lungenvolumen, geistige Leistungsfähigkeit, den Hormonhaushalt, den gesamten Bewegungsapparat und durch die Leistungssteigerung auch auf das Selbstwertgefühl. Durch den Abbau von Stresshormonen und die Ausschüttung von Glückshormonen ist Sport besonders gut zur Prävention psychischer Erkrankungen geeignet.

Eine weitere wichtige Eigenschaft von Bewegung und Sport ist, dass er dem Stresszustand, in dem sich die meisten Menschen befinden, entgegenwirkt. Durch ausdauernde Bewegung werden Stresshormone abgebaut, die sonst über längere Zeit in unserem Körper wirken und Krankheiten verursachen würden.

Der eine oder andere möchte sich ja vielleicht gerne mehr bewegen, tut es aber nicht. Das kann verschiedene Gründe haben.
Oft besteht eine unterschwellige Abneigung gegen Sport, die vielleicht bereits im Schulsport verankert wurde. Kinder bewegen sich spielerisch mit Freude von Natur aus, vorausgesetzt sie sind körperlich und geistig gesund. Spätestens mit dem Schulsport wird Spaß an Bewegung mit negativ behafteten Leistungsdruck verknüpft. Die Botschaft, die sich einprägt, ist: „Du bist nur gut, wenn du eine bestimmtes Maß an Leistung erbringst!". Weitere negative Erinnerungen in Verbindung mit peinlichen Gefühlen oder Mobbing können

sich unbewusst bis ins Erwachsenenalter auswirken. Sportliche Aktivität wird dann als sehr unangenehm empfunden, das Gefühl etwas leisten zu müssen und demgegenüber nicht gut genug zu sein, überschattet sämtliche positiven Aspekte.

In Wirklichkeit hat jeder gesunde Mensch den Drang, sich zu bewegen. Das liegt in seiner Natur. In diesem Abschnitt zeige ich dir, wie du zurück zu kindlicher Freude an Bewegung und Sport findest. Es ist gar nicht notwendig, dafür jeden Tag 20 km zu joggen oder fünfmal in der Woche im Fitnessstudio abzumühen. Die Zeit, die du dafür investieren müsstest, würde dich nur in überflüssigen Stress versetzen.

→ *Als Faustregel gilt:*
Je natürlicher die Bewegung ist, desto gesünder ist sie. Gehen, Wandern, Nordic Walking, Laufen und Schwimmen sind also gesund.

Schwimmen sehe ich allerdings als Ergänzung. Bei schlechtem Wetter oder wenn es dir aufgrund anderer Probleme nicht möglich ist, die anderen Bewegungsarten auszuführen, kannst du schwimmen gehen. Schwimmen betrachte ich als Gesundheitsberater etwas kritisch. Unsere natürlichen Gewässer sind zumeist, bis auf wenige Sommermonate, zu kalt, um wirklich sicher ohne Aufsicht das Ausdauerschwimmen durchzuführen. Du könntest einen Krampf erleiden und ertrinken, dann hätte sich das Thema Gesundheit ohnehin erledigt. Selbst ein Neoprenanzug bietet davor keinen 100%igen Schutz. In den Schwimmbädern, wo die Sicherheit durch einen Schwimmmeister gegeben ist, finde ich wiederum den Einsatz von Chlor bedenklich. Wer über Jahrzehnte häufig in Chlorwasser schwimmt, setzt sich einer weiteren Gefahr für die Gesundheit aus. Chlor ist in großen Mengen giftig und schlimmstenfalls krebserregend. Trichloramin, das durch die Bindung von Chlor mit Harnstoff in jedem Schwimmbad entsteht, ist zudem schädlich für die Atemwege und ruft häufig Atembeschwerden hervor. Es reizt außerdem die Augen und Schleimhäute.

Mein Gesundheitskonzept sieht vor, sich auch im hohen Alter problemlos und mit Freude zu bewegen. Hohes Alter bedeutet, so lange du lebst. Dagegen spricht nichts, wenn du die körperlichen Voraussetzungen mitbringst und insgesamt auf deine Gesundheit achtest, was du im Vorfeld selbst in der Hand hast. Es gibt 80-Jährige, die noch Marathon laufen. Der bekannteste ist der Inder Fauja Singh, der als erster und bisher einziger Mensch mit 100 Jahren den Toronto-Marathon in 8:25:16 Stunden absolvierte. Natürlich ist es nicht notwendig, solche langen Strecken zu laufen. Schon 20 bis 45 Minuten Bewegung ohne Leistungsdruck zwei- bis dreimal in der Woche haben einen positiven Effekt und sind auch ein Leben lang durchhaltbar. Zu viel des Guten könnte deinen Bewegungsapparat schädigen, wodurch Bewegung eventuell überhaupt nicht mehr möglich ist. Das Ziel besteht darin, dass du dich dreimal in der Woche für 20 bis 45 Minuten bewegst, sodass sich dein Puls erhöht und du ins Schwitzen kommst. Das hat folgende Wirkung auf deinen Körper und Geist:

- Steigerung der Ausdauer, Kondition und Kraft
- Verbesserung der Koordination, Durchblutung, Gehirnleistung
- Straffung des Körpergewebes
- Schaffung regelmäßiger Erfolgserlebnisse

- Senkung des Risikos für Herzkreislauferkrankungen, Depressionen, Burnout, Diabetes, Knochenschwund und Muskelschwund
- Abbau von Stress
- Ausschüttung von Glückshormonen
- weitere positive Effekte durch Aufenthalt an der frischen Luft, im Sonnenlicht und in der Natur
- Du sendest ein Signal an deinen Körper, dass er gebraucht wird. Er regeneriert besser Knorpel, Sehnen, Muskeln, Knochen.
- Du kannst gleichgesinnte Menschen kennenlernen, denen ihre Gesundheit und Bewegung wichtig sind und damit dein soziales Netzwerk erweitern.

Die Liste an positiven Auswirkungen durch Sport ist lang und ich könnte noch mehr aufzählen.

Die gegenteilige Auswirkung bei Bewegungsmangel gibt es natürlich auch und darf nicht ignoriert werden. Dem Körper wird signalisiert, dass Muskeln, Knochen, Knorpel oder Sehnen anscheinend nicht benötigt werden. Sie schwächen sich mit der Zeit oder können zu einem gewissen Teil sogar abgebaut werden. Ähnlich wie es bei Dialysepatienten zu beobachten ist. Menschen, deren Nieren nicht mehr richtig arbeiten, sind auf eine Nierendialyse angewiesen. Die Dialyse entspricht einer künstlichen Blutwäsche, eine Funktion des Körpers, die im gesunden Zustand die Nieren übernehmen. Das ist allerdings ein Teufelskreis. Bei den meisten Patienten stellen die Nieren zunehmend ihre Funktion ein, da sie scheinbar nicht mehr gebraucht werden. Das Resultat ist eine dauerhafte Abhängigkeit von der Dialyse.

9.1 Exkurs: Das Beispiel der Sehhilfe

Gleiches geschieht bei Menschen mit Sehschwäche. Sie erhalten eine Brille, was häufig dazu führt, dass die Sehkraft schleichend abnimmt. Die Sehhilfe hindert das Auge sich selbst zu justieren, da ihm vorgetäuscht wird, dass alles in Ordnung sei. Ausflüge in die Natur, zwingen das Auge immer wieder zwischen nahen und fernen Abständen zu wechseln, wodurch die Augenmuskulatur trainiert wird. Tägliches, kurzes Augentraining, kombiniert mit Aufenthalten in der Natur, würde eine Brille in einigen Fällen überflüssig machen. Insbesondere Kinder haben entwicklungsbedingt Schwankungen in der Sehstärke, die sich normalerweise bei gesunder Lebensweise und Physis immer wieder anpasst. Ein guter Bekannter trug fast sein ganzes Leben eine Brille und wollte dieser nicht länger die Verantwortung für seine Augen überlassen. Als Kind bekam er bei geringer Kurzsichtigkeit seine erste Brille. Im Verlauf ließ seine Sehschärfe immer stärker nach, da dem Auge die Selbstheilung durch die dauerhafte Nutzung der Sehhilfe abgenommen wurde. Als erwachsener Mann im Alter von 32 Jahren trug er eine Brille mit -4 Dioptrien. Innerhalb eines Jahres schaffte er es aus eigenem Antrieb und mit eisernen Willen seine Sehschärfe von -4 auf -0,5 Dioptrien zu verbessern. Folgendermaßen ging er vor:

1. Zu allererst beobachtete er in seinem Alltag, was die Faktoren sein könnten, die seine Kurzsichtigkeit über die Jahre förderten.

2. Er minimierte diese Ursachen. Das waren in seinem Fall: zu häufige Nutzung des Smartphones, häufige Arbeit am Monitor, zu wenig Naturaufenthalte, die Sehhilfe an sich und zu häufiges Fernsehen. Das Smartphone ersetzte er durch ein

Tastentelefon, Fernsehen und Arbeit am Monitor reduzierte er auf das Nötigste, die Zeiten in der Natur hat er deutlich erhöht. Er nutzte jede freie Minute, um in der Natur Augenübungen durchzuführen.

3. Er verzichtete konsequent auf seine Sehhilfe, auch wenn er dadurch nichts sah und im Alltag stark eingeschränkt war. Dadurch hat er seine Augen animiert sich selbst zu heilen. (Für Aktivitäten, die eine gute Sicht erfordern, z.B. im Straßenverkehr, nahm er eine Brille, die 1 Dioptrie schlechter war, als er bräuchte. Diese kaufte er sich günstig in Drogeriemärkten.

4. In der Natur und auf Wanderungen praktizierte er Augenübungen: z.B. weites und nahes Fokussieren im Wechsel, zur Muskelstärkung bewegte er die Augen nach links, rechts, oben und unten und hielt die Position mehrere Sekunden, Augen fest zusammenkneifen und starkes blinzeln, mit den Augen eine „8" zeichnen, etc.

5. Er praktizierte Yoga. In diesem Zustand kamen ihm die richtigen Gedanken, um die Selbstheilungsprozesse zu stimulieren.

6. Er war sehr konsequent und es gab keinen Tag der Schwäche.

Dieses Beispiel zeigt, dass es möglich ist, dass sich das Auge auch nach langer Zeit der Sehunterstützung wieder selbst justieren und heilen kann. Für einige scheint es sicherlich unmöglich auf ihre Sehhilfe zu verzichten. An dieser Stelle möchte ich betonen, dass mein Bekannter einen starken Willen bewiesen hat und sein Vorhaben unbedingt umsetzen wollte. Für ihn war die vorrübergehende Einschränkung also zu verkraften. Belohnt wurde er mit Freiheit. Auf eine Brille oder Kontaktlinsen angewiesen zu sein, ist nämlich die eigentliche Einschränkung. Eine kostspielige obendrein. Jeder Brillenträger kennt doch die Probleme: Brille beschlagen, Brille verbummelt, Brille kaputt, Brille zerkratzt.

→ *Ich betone nochmals: Schwankungen in der Sehstärke sind insbesondere bei Kindern wachstumsbedingt normal und kein Grund ihnen sofort eine Brille zu verpassen.*

Der Körper ist also in der Lage sich an die auf ihn wirkenden Herausforderungen anzupassen. Dieses Phänomen ist beispielsweise bei Astronauten, die längere Zeit im All waren, zu beobachten. Im Weltall benötigen sie weniger Kraft für Bewegungen und alle weiteren Tätigkeiten. Dadurch baut der Körper Muskeln und Knochen ab, weil er sie ganz einfach nicht benötigt.

Ich möchte in diesem Buch u.a. zu gesunder Bewegung animieren. Aber wie findest du nun die für dich beste Bewegungsart heraus, die du auch noch bis ins hohe Alter durchhältst und dir Freude bereitet? Dazu ist es hilfreich, dass du dir überlegst, welche Art von Bewegung dir in der Kindheit sehr viel Spaß gemacht hat. Welche Sportarten faszinieren dich? Welche wolltest du schon immer einmal ausprobieren? Es ist nie zu spät, damit anzufangen. Ich möchte an dieser Stelle darauf hinweisen, dass sich Menschen mit gesundheitlichen Vorgeschichten wie Herzkreislauferkrankungen, Diabetes, Schlaganfall, Schädigungen des Bewegungsapparates oder anderen schwerwiegenden Krankheiten, ärztlichen Rat hierzu einholen. Dieser Rat ist immer von der aktuellen individuellen Situation abhängig. Ein heute übergewichtiger Mensch kann in einem Jahr, sofern er es geschafft hat, zehn Kilogramm abzunehmen, eine ganz andere ärztliche Empfehlung erhalten.

9.2 Laufen/Joggen

Die Sportart Laufen habe ich selbst für mich entdeckt und sie entspricht der natürlichsten aller Bewegungsarten.

Einige wichtige Regeln für alle Sport- und Bewegungsarten sind:

- Sport soll Spaß machen und leicht in den Alltag integrierbar sein.
- Setze dir viele kleine Ziele. Dadurch erhältst du viele Erfolgserlebnisse und die Gefahr des Scheiterns sinkt. **Für einen positiven gesundheitlichen Effekt ist es nicht notwendig, länger als 45 Minuten zu laufen. 30 Minuten sind ideal und einfacher mit deinem Tagesablauf vereinbar.**
- Anfangs ist ein guter Laufplan oder ein Lauftagebuch wichtig, um Regelmäßigkeit sicherzustellen und besser planen zu können.
- Halte ein Ersatzprogramm für schlechtes Wetter bereit wie z.B. Schwimmen, Trampolinhüpfen mit den Kindern oder einfache Fitnessübungen zu Hause.
- Suche dir mindestens einen Laufpartner oder laufe im Verein. Das hilft dabei, sich gegenseitig zu motivieren und gibt das Gefühl von Sicherheit.

Wie kann Laufen Spaß machen, fragst du dich bestimmt? Indem du dir keinen Druck machst! Du musst keinen Marathon, Halbmarathon oder fünf Kilometer in 20 Minuten laufen. Das verursacht Leistungsdruck. Den kennst du ja noch aus der Schule und wir wollen Leistungsdruck keinen Platz mehr geben. Laufe einfach aus Spaß an der Bewegung, weil es dir gut tut. Laufen soll deinen Druck und Stress des Alltags abbauen und keinen neuen erzeugen. Darum ist es wichtig, nur so schnell zu laufen, dass es eine leichte bis mittlere Anstrengung für dich ist. Die Wohlfühlbelastung dürfte nach einer Eingewöhnungszeit von ca. vier Wochen bei etwa 120-130 Herzschlägen pro Minute liegen. Diese Herzfrequenz wirkt bereits positiv auf alle Bereiche des Organismus. Es darf auch geschwitzt werden. Das ist eine natürliche und gesunde Körperfunktion. Man kann auch sagen, du sollst dich dreimal in der Woche 30 bis 45 Minuten bewegen, sodass sich dein Puls erhöht und du ins Schwitzen kommst. Du tastest dich also heran und findest für dich **das richtige Maß zwischen Unter- und Überforderung** heraus. Nach einiger Zeit ist es sehr gut möglich, dass du es kaum erwarten kannst, dass wieder Lauftag ist, weil es dich glücklich macht und du merkst, wie es dir auf allen Ebenen gut tut. Sportler, die immer auf der Jagd nach Bestleistungen und der Steigerung ihrer Fähigkeiten sind, werden altersbedingt irgendwann an einen Punkt kommen, an dem die Leistungskurve sinkt. Das ist natürlich, aber für viele sehr frustrierend. Darum empfehle ich dir, deine Bewegungsintensität immer an deine aktuelle Lebenssituation anzupassen. So ersparst du dir denkbare Enttäuschungen. Du akzeptierst einfach deine auch vom Alter abhängige Leistungsfähigkeit.

→ *Ein gutes Laufgefühl ist auch von Nahrungsauf-*
nahme, richtiger Atmung, guten Laufschuhen und der
Tageszeit abhängig.

Damit sich ein positiver Effekt durch dein neues Lauftraining ein-
stellt, beachte bitte:

- Nicht mit vollem Magen laufen! Unmittelbar vor dem Laufen solltest du keine schweren und fettigen Speisen zu dir
  nehmen, etwas Gesundes in ausreichend zeitlichem Abstand
  ist in Ordnung.
- Morgens auf nüchternen Magen zu laufen, ergibt gesund-
  heitlich betrachtet keinen Sinn. Statt eines Wohlgefühls, wird
  sich eher Stress einstellen.
- Bereits vor dem Laufen solltest du deinen Flüssigkeitshaus-
  halt ausgleichen.
- Bei Sonnenschein von Mai bis Juli nicht zwischen zehn und
  17 Uhr laufen, um Hitzschlag und Reizung der Atemwege
  durch Ozon zu vermeiden.

Die richtige Atmung ist wichtig, weil durch sie der für die Energie-
erzeugung nötige Sauerstoff aufgenommen wird. Bei Sauerstoffmangel bist du weniger leistungsfähig und größere Anstrengungen
werden unangenehm. Du kannst durch die Nase, aber auch durch
den Mund atmen. Durch die Nase zu atmen hat den Vorteil, dass die
Luft besser gefiltert und bei niedrigen Temperaturen erwärmt und
angefeuchtet wird bevor sie die Luftröhre erreicht. Ein Nachteil ist,
dass durch die Nasenöffnungen weniger Luft als durch den Mund
passt. Also bieten sich bei größeren Anstrengungen, wie an einer
Steigung, die Mund- oder kombinierte Atmung an. Im Schulsport

wurde mir beigebracht, dass ich nur durch die Nase ein- und durch den Mund ausatmen darf, weil ich sonst Seitenstechen bekommen werde. Nach Überprüfung aller Möglichkeiten finde ich die kombinierte Atmung durch Mund und Nase am besten.

Um Seitenstechen wirklich zu vermeiden, ist es wichtig, die Lunge beim Ausatmen immer komplett zu entleeren. Das bedarf anfangs einiger Konzentration und wird mit der Zeit immer einfacher.

Außerdem ist der Atemrhythmus von entscheidender Bedeutung für eine optimale Sauerstoffaufnahme. **Dafür nutzt du einfach die Schritte als eine Art Taktgeber.** Das bedeutet bei langsamen Tempo drei oder vier Schritte lang einatmen und im gleichen Intervall ausatmen. Ich weise noch einmal darauf hin, dass die Lunge gut entleert werden muss, um Seitenstechen zu vermeiden.

In schnellem Tempo oder an Steigungen, also dann, wenn du mehr Sauerstoff benötigst, erhöhst du die Atemfrequenz auf zwei Schritte lang einatmen und zwei Schritte lang ausatmen. Weiterhin kannst du die Sauerstoffaufnahme über die Menge der Luft, die du in die Lunge einsaugst, beeinflussen, aber das geschieht unbewusst automatisch.

Bewegung und Sport haben weitere positive Effekte. Sie **erhöhen die Widerstandsfähigkeit** gegenüber Belastungen, **stärken das Immunsystem** und aufgrund der erbrachten Leistungen **stärken sie das Selbstwertgefühl und Selbstbewusstsein.**

Angesichts des individuellen Leistungsvermögens und unterschiedlichen Konstitutionen des Körpers ist es ratsam, zusammen mit einem Experten zunächst ein persönliches Fitnessprogramm zu erstellen, um Überforderung und Verletzungsgefahr vorzubeugen.

9.3 Laufmeditation

Laufmeditationen fördern die Gesundheit gleich doppelt. Zum einen stärkt die körperliche Betätigung den Körper und das Immunsystem, während sich durch die Meditation gezielt weiterer Stress abbauen lässt. Außerdem lassen sich ganz einfach positive Affirmationen zu verschiedenen Zwecken einbauen. Besonders Menschen, die erst damit beginnen, sollten darauf achten, etwaige Ablenkungen zu minimieren. Es empfiehlt sich daher, eine ruhige Laufstrecke auszuwählen und auf ablenkende Musik zu verzichten. Bei der Laufmeditation steht die Besinnung auf sich selbst, den eigenen Körper und vor allem die Atmung im Mittelpunkt.

Laufmeditation

1. Werde dir darüber klar, welches Thema du während der Meditation bearbeiten möchtest. Was willst du erreichen? Was willst du verändern?
Beispiel: Du bist ängstlich? Dann ist das Gegenteil: Du bist mutig!

2. Du formulierst deine persönliche Affirmation (das sind einfache, klare und positiv formulierte Sätze, die wiederholt leise oder laut ausgesprochen dem Gehirn neue gewünschte Informationen liefern). Die Affirmation, die beim Laufen gebetsmühlenartig wiederholt wird, lautet in diesem Beispiel: Ich bin mutig!

(Weitere nützliche Affirmationen findest du im Kapitel „Entspannung statt Ablenkung")

3. Beim Laufen ist es nun wichtig, dass du immer die gleiche Schrittzahl ein- und wieder ausatmest. Wenn du also 4 Schritte einatmest, atmest du auch wieder 4 Schritte lang aus. Das ist jedoch belastungsabhängig. An Steigungen benötigt der Körper mehr Sauerstoff, sodass du voraussichtlich nur jeweils 2 Schritte lang ein- und ausatmest.

4. Hast du beim Laufen deinen Rhythmus gefunden, denkst du mit jedem Aufsetzen des Fußes ein Wort oder eine Silbe. In diesem Fall mit 4 Schritten lautet das: **ICH – BIN – MU – TIG.**

5. Das wiederholst du während des ganzen Lauftrainings. Wenn du das bei 30 Minuten mit jedem Ein- und Ausatmen denkst, sind es mehrere hundert Wiederholungen, die eine motivierende Wirkung haben, ähnlich wie Autosuggestionen.

6. Wichtig ist, dass du dich während des gesamten Lauftrainings nicht ablenken lässt und dich über die gesamte Zeit auf die Meditation, dein Ziel, fokussierst. Kommen doch einmal ablenkende Gedanken auf, kehre zurück zu deinem Zielsatz. Das wird am Anfang öfters passieren, du wirst merken, dass du dich von Training zu Training besser darauf fokussieren kannst.

Laufen erfordert wie jede Sportart eine gewisse Disziplin. Mit der Zeit wächst der disziplinierte Sportler über sich hinaus und stärkt dabei jedes Mal sein Selbstwertgefühl, da er sich als stark und kämpferisch erlebt. Das Gefühl, Hindernisse bewältigen zu können und an Aufgaben zu wachsen, überträgt sich auch auf andere Lebensbereiche und sorgt damit für mehr Lebensqualität.

Da Krampfadern am häufigsten an den oberflächlichen Venen der Beine vorkommen, empfiehlt sich zur Vorbeugung Sport, der die Beine beansprucht und trainiert. Die gesteigerte Durchblutung der Beine hilft, gegen die unschönen Stauungen vorzubeugen. Symptome, wie schwere Beine und Schmerzen, die Krampfadern im fortgeschrittenen Stadium mit sich bringen, können durch Bewegung gelindert werden.

Geeignete Sportarten, geordnet nach Grad der Natürlichkeit, sind:

1. Gehen – schnelles Gehen – Laufen – Powerwalking – Wandern
2. Nordic Walking – Joggen – Crosslauf – Orientierungslauf
3. Schwimmen – Aquafitness – Aquagymnastik – freies Tauchen (ohne Atemgeräte)
4. Fitness – Kraftsport – Kampfkunst – Aerobic
5. Bogensport
6. Hundesport
7. Rudern
8. Klettern
9. Tanzen
10. Radfahren
11. Trampolin springen

10. Entspannung statt Ablenkung

Entspannung ist ein direkter Gegenspieler zu Stress und eine wichtige **Kraftquelle**. Im Stresszustand sind wir dauerhaft angespannt und die Muskeln sind verhärtet. Ideal ist ein ausgewogenes Verhältnis aus Entspannung und Anspannung, z.B. durch Bewegung.

Bei jemanden, der über Jahre nur entspannt ist und keinerlei körperliche Herausforderungen zu bewältigen hat, können Muskulatur, Bänder und Sehnen erschlaffen und sich zurückbilden. Die Knochendichte und Festigkeit wird abnehmen und der Knorpel sich abbauen. Du musst deinem Körper zeigen, dass er gebraucht wird, also Reize setzen.

Wie bereits im Kapitel „Die richtige Bewegung" erwähnt, neigen Organe, denen wir ihre Arbeit abnehmen, dazu ihre Tätigkeit ganz oder teilweise einzustellen. Am bereits aufgeführten Beispiel Nierendialyse oder Sehhilfe kannst du das gut nachvollziehen.

Ich beobachte häufig, dass Menschen Entspannungstechniken für sich entwickelt haben, die ihnen keine wirkliche Entspannung bieten, sondern nur eine Ablenkung verschaffen, wie z.B. Fernsehen, Computer spielen oder auch lesen. Entspannung soll Körper und Geist in einen Zustand der Ruhe versetzen und Spannungen lösen: **ent-spannen**. Für einen gewissen Zeitraum soll sich der Muskeltonus sowie Atem- und Herzfrequenz und Blutdruck senken.

Es gibt unterschiedliche Arten von Entspannungstechniken: Aktive Methoden, die den Körper einbeziehen und passive Methoden, bei denen der Körper passiv bleibt.

Zu den aktiven Entspannungsmethoden zählen Yoga, Tai Chi oder progressive Muskelentspannung. Diese Methoden sind für Menschen geeignet, denen es schwer fällt, zur Ruhe zu kommen und sich nicht zu bewegen. In fast jeder Stadt oder jedem Landkreis können Yogakurse besucht werden. Wer sich da gut aufgehoben fühlt und wem es hilft, in seine Mitte zu kommen, dem empfehle ich, wann immer sich die Zeit bietet, Yoga anzuwenden.

Zu den passiven Methoden zählen verschiedene Meditationen, Hypnose und Selbsthypnose, Reiki, Ruhe und Beobachtung. Auch einfache Atemübungen können für Entspannung sorgen. Für mich selbst sind Reiki und Meditation der Schlüssel zu Entspannung, geistige Gesundheit und spirituelle Entwicklung. Die Auswirkungen dieser Entspannungsübungen, die währenddessen zu einer Senkung von Muskeltonus, Atem- und Herzfrequenz sowie Blutdruck führen, haben erstaunlich positive Auswirkungen auf die Psyche und die geistige Leistungsfähigkeit. Es ist möglich diese innere Ruhe und Gelassenheit in den Alltag zu transportieren und gegenüber stressigen und konfliktbehafteten Situationen standhafter zu werden. Man fühlt sich insgesamt leistungsfähiger und kann sich Gelerntes besser merken und es auch abrufen.

10.1 Zusammenspiel Körper und Geist

Um zu verstehen, wie wichtig es ist für deinen Körper und Geist zu entspannen, muss nachvollziehbar sein wie Körper und Geist im Zusammenspiel funktionieren.

Wie die Materie, ist der Geist ebenfalls Energie, nur in einer feineren ätherischen Form und kann genau wie Materie nicht einfach so verschwinden, sondern nur den Zustand oder den Ort wechseln. Verbrennt beispielsweise ein Stück Holz, ist es nicht verschwunden, sondern wurde durch das Wirken von thermischer Energie in seinen Hauptbestandteil Kohlenstoff und kleinere Bestandteile wie Wasserstoff und Sauerstoff zerlegt. Nach dem Verbrennen verbindet sich der Kohlenstoff mit Sauerstoff. Ab sofort existiert das Holzstück in Form von Kohlenstoffdioxid weiter, es ist nicht einfach so verschwunden.

Das Gehirn steuert die vegetativen Prozesse des Körpers wie u.a. Atmung, Zellteilung und Stoffwechsel. Das Gehirn ist jedoch keinesfalls der Geist, sondern die Rechenzentrale des Körpers von wo aus alle Prozesse gesteuert werden. Der Geist selbst ist Energie, die das Gehirn verwendet um Dinge zu tun und Erlebnisse zu erfahren. Der Geist haftet dem gesamten Körper an, ist aber dennoch gewissermaßen frei und kann sich in Form von Gedanken bewegen. Da die meisten Sinne des Menschen am Kopf, in der Nähe des Gehirns liegen, erhält man den Eindruck, der Geist befinde sich im Gehirn oder das Gehirn selbst sei der Geist. Befänden sich Augen und Ohren am Bauchnabel, bestünde vermutlich das Gefühl der Geist befände sich im Bauch. In Wirklichkeit umgibt und durchströmt der Geist den ganzen Körper und verwendet das Gehirn um den Körper zu steuern und mit ihm Erfahrungen zu machen, z.B. Zeitung lesen, ein Glas Wasser trinken, Zähne putzen, joggen und Auto fahren.

Dabei trifft der Geist bewusste und unbewusste Entscheidungen.

Der Geist ist auf Umwegen mit der Seele verbunden, die unbewusste Impulse an den Geist/Bewusstsein sendet. Das stellt sich als Einfälle, Ideen, Angst, Vorahnungen etc. dar.

Wenn der Körper nicht mehr lebensfähig ist und stirbt, ändert er seinen Zustand. Er wird zu Staub und gliedert sich als anorganische

Materie wieder in den Erdkörper ein. Dabei löst sich der Geist vom Körper ab und verbindet sich wieder direkt mit der Seele. Geist und Seele existieren weiter, wie eine Frequenz im Universum auf der alle Erlebnisse gespeichert werden.

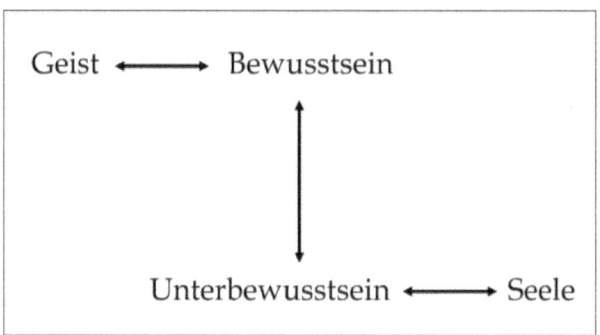

Abbildung 1: Die geistigen Wirkwege

Anhand dieser Wirkwege wird deutlich, dass in einem Zustand der Entspannung alles einbezogen wird und Entspannungsmethoden nicht nur auf den Körper, sondern auch auf den Geist, das Unterbewusstsein und die Seele Einfluss nehmen. So kommt es dann auch, dass vermeintliche Entspannungsmethoden, wie Fernsehen oder lesen zwar für körperliche Ruhe sorgen, den Geist und das Unterbewusstsein jedoch in Unruhe halten und schlussendlich nicht zur bestmöglichen und ganzheitlichen Entspannung beitragen.

Fernsehen am Abend verhindert durch seine permanente geistige Ablenkung, dass die Erlebnisse des Tages verarbeitet werden. Dadurch wird verhindert, dass die körperliche Ruhe ins Unterbewusstsein vordringt. Das Unterbewusstsein holt diesen Prozess nach, in der Regel wenn man sich zu Bett gelegt hat. Das kann sich dann u.a. in Einschlafschwierigkeiten äußern.

10.2 Reiki

Reiki heilt in erster Linie auf der geistigen Ebene, wodurch dann der Körper nachziehen kann.

Reiki ist ein japanisches Naturheilverfahren, bei dem über das Auflegen der Hände, ohne dass die Hände dabei den Körper berühren müssen, universelle Lebensenergie (also nicht die eigene, sondern frei verfügbare Energie) an genau die Stelle des menschlichen Körpers oder Energiekörpers geleitet wird, an der die Energie benötigt wird. Reiki hilft dabei vorhandene Selbstheilungskräfte zu aktivieren, den Energiefluss im Körper auszugleichen und Körper, Geist und Seele von Giften zu befreien.

Reiki hilft besonders gut bei der Auflösung von Blockaden. Blockaden können auf verschiedenen Ebenen entstehen:

- emotionale Ebene:
  irrationale Angst und Verhaltensmuster (z.B. plötzliche Wut, Trauer, Euphorie), Phobien, Panik, Depressionen, Schlafstörungen, Unruhe, ständiges Gefühl der Überforderung, anhaltende Lustlosigkeit
- mentale Ebene:
  negative Gedankenspiralen, selbstmanipulierende Gedanken, Prüfungsangst, Gedächtnislücken,
- körperliche Ebene:
  Gelenkschmerzen, Verspannungen, ständiger Kopfschmerz, Magenbeschwerden, Asthma, chronische Darmentzündungen, Schmerzen am Bewegungsapparat,

um nur einige zu nennen.

Solche Blockaden entstehen durch Erlebnisse, die auf körperlicher und/oder seelischer Ebene stark belastend gewirkt haben. Dabei kann es sich auch um Erlebnisse, Muster oder Einschränkungen handeln, die aus älteren Generationen übernommen wurden. Bei einem „Symptom" spielen sehr viele unbewusste Faktoren eine Rolle, sodass es mit logischen Verstand kaum möglich ist zu erkennen, was die Beschwerden verursacht hat. Durch eine Blockade wird der Energiefluss an einer bestimmten Stelle im Körper gestaut, worauf der Körper mit diesem „Symptom", längerfristig mit einer Erkrankung reagiert. Zwar beginnt der Energiestau meist punktuell, andere Bereiche ziehen aber oftmals nach.

Stell dir einen Fluss vor an dem Treibgut verhindert, dass das Wasser richtig weiterfließen kann. Das Wasser breitet sich schon bald auf das umliegende Gelände aus. Das geflutete Gelände versumpft und wird trüb. Der Fluss des Wassers kommt beinahe zum Stillstand, was dem Charakter eines gesunden Flusses widerspricht. So kannst du es dir auch bei einer Energieblockade zum Beispiel an der Wirbelsäule vorstellen.

So war es auch bei meinem ersten Klienten und für mich ein Glücksfall. Denn dadurch habe ich sehr früh erfahren was mit Reiki alles möglich ist und diente letztlich als Bestätigung und Motivation. Mein Klient war damals 45 Jahre alt und klagte seit der Pubertät über permanente Rückenschmerzen an der unteren Wirbelsäule. Die Mediziner gingen davon aus, dass diese Schmerzen auf seine Körpergröße und Statur (196cm, 120Kg) bei gleichzeitig schwerer körperlicher Arbeit im Gleisbau zurückzuführen sind. Viele Jahre nahm er an besonders akuten Tagen Schmerzmittel ein. Durch Ursachensuche mit dem Pendel stellte sich jedoch heraus, dass ein traumatisches, nicht richtig aufgearbeitetes Erlebnis in der frühen Kindheit zu einer Blockade in der Wirbelsäule führte. Hier war es dann ganz einfach, dieses Erlebnis/Energie/Ursache mit Reiki zu neutralisieren. Die Ströme in der Wirbelsäule konnten wieder ungehindert fließen. Dieser Fall ist mittlerweile fast 10 Jahre her und der Klient schmerzfrei.

Durch Reiki kann also das natürliche Energiegleichgewicht im Körper wieder hergestellt werden. Dabei kann eine Blockade durch einmaliges Handauflegen gelöst werden, es können jedoch auch mehrere Sitzungen erforderlich sein. Das Gute daran ist: Reiki kann jeder erlernen, um es für sich oder andere zu nutzen. Bei Interesse sieh dir doch mal meine Angebote und Möglichkeiten mit Reiki auf meiner Webseite an.

10.3 Affirmationen

Affirmationen sind positiv formulierte Aussagen, die über einen längeren Zeitraum angewandt das Unterbewusstsein beeinflussen. Sie werden verwendet, um negative Glaubenssätze zu entkräften und neue positive im Unterbewusstsein zu etablieren. Affirmationen wirken besser, wenn man sich in einem entspannten, meditativen Zustand befindet, wie z.B. während einer Reiki Behandlung oder Meditation. In diesem Zustand können die Affirmationen direkt auf das Unterbewusstsein wirken und dadurch mehr Kraft entfalten. Affirmationen sollten kurz, positiv und ohne Negation formuliert werden. Wenn du das beachtest, kannst du dir selbst Affirmationen erstellen. Affirmationen können auch außerhalb des meditativen Zustandes leise oder auch laut gesagt werden, ganz nach dem Motto: viel hilft viel. So wie du es in der Laufmeditation kennengelernt hast. Du verschaffst dir damit eine positive Gehirnwäsche. Im

Folgenden siehst du 5 Beispiele, wie Affirmationen formuliert sein können:

- Steigerung Selbstvertrauen:
  Ich bin stark und selbstsicher.

- Steigerung Selbstwertgefühl:
  Ich bin wertvoll.

- Steigerung Reichtum:
  Geld und Reichtum fließen ständig zu mir.

- Steigerung Gesundheit:
  Meine Selbstheilungskräfte sind stark.

- Steigerung Liebe & Selbstliebe:
  Ich liebe mich so wie ich bin.

Um die Wirkung der Affirmationen weiter zu steigern, können Superlative verwendet und die zeitliche Geltungsdauer (z.B. durch die Worte „jetzt", „immer") festgelegt werden, damit das Unterbewusstsein weiß, wann die Affirmationen wirken, wie im nächsten Beispiel deutlich wird.

Ich bin wertvoll. → Ich bin sehr wertvoll. → Ich bin immer sehr wertvoll.

10.4 Meditation

Meditation bedeutet sinngemäß „Ausrichtung zur Mitte". Diese seit Jahrtausenden praktizierte spirituelle Praxis ist eigentlich jedem bekannt. Doch auch ihre entspannende und gesundheitsfördernde Wirkung? Du musst nicht, wie im Buddhismus oder Hinduismus die Erleuchtung als dein höchstes Ziel verfolgen. Du kannst Meditationen nutzen, um zu entspannen, Ziele zu fokussieren und dein Wohlbefinden und Lebensqualität zu steigern. Lass dich nicht abschrecken von dem großen Begriff „Meditation". Du kannst es auch „Zeit der Ruhe" oder einfach „Entspannungsübung" nennen. Wenn du noch nie meditiert hast und damit beginnst, wirst du merken, dass es nichts völlig Fremdes ist.

Die Wissenschaft hat übrigens längst belegt, dass regelmäßig ausgeübte Meditation sowohl im Gehirn als auch im Verhalten und deinen Selbsteinschätzungen Veränderungen hervorbringt. Studien zeigen, dass durch Meditation Stresssymptome abgebaut werden können. Weiterhin hilft Meditation bei unbegründeter Angst, Depressionen, Schlafstörungen und psychosomatischen Beschwerden wie Migräne und chronischen Schmerzen.

Während meines spirituellen Studiums fand ich zur Meditation und seither nutze ich es täglich, um Ruhe, Ordnung und Klarheit in meine Gedanken zu bringen. Es hilft mir den Tag aufzuarbeiten, mich auf meine Ziele zu fokussieren und Körper und Geist zu synchronisieren. Meditationen sind ein sehr effektives Mittel zur Stresssenkung und helfen dir in deiner persönlichen Entwicklung und zur Manifestation bestimmter Ziele. Es gibt Menschen, die Meditationen bis hin zur Erleuchtung, also der Erlangung eines höheren Bewusstseins in vollständiger Freiheit von allen Abhängigkeiten, praktizieren. Aber das soll nur am Rande Erwähnung finden.

Ich möchte dir 3 Beispiele für einfach praktizierbare Meditationen aufzeigen. Wenn du dieses Thema für dich und deinen Weg in ein gesundes und selbstbestimmtes Leben weiterführen möchtest, empfehle ich dir meine Hypnose- und Meditationsmitschnitte, die ich gelegentlich auf meiner Website zum Download bereitstelle. Im Internet findest du ein breites Angebot auf den ersten Blick interessant erscheinender, geführter Meditationen oder Hypnosen. Achte unbedingt darauf, dass du dir nicht von Laien in deinem Unterbewusstsein herummanipulieren lässt. Sieh dir Referenzen und Erfahrungsberichte an, damit es dir hinterher nicht schlechter geht als vorher.

Es ist essentiell vor der Meditation alle potentiellen Störquellen, wie z.B. Mobilfunkgeräte, Türklingeln, Verkehrslärm, grelles Licht etc., auszuschalten. Um sich gerade am Anfang so wenig wie möglich ablenken zu lassen, empfehle ich die Verwendung von Ohrstöpseln. Lampen sollten ausgeschaltet werden und helle Fenster mit Vorhängen gedimmt werden.

Das wichtigste bei einer Meditation überhaupt, ist die Konzentration auf etwas Positives. Man steigert sich in etwas Positives hinein. Grundsätzlich ist es möglich sich auf alles, was positiv auf einen wirkt, zu konzentrieren. Gerade am Anfang unterstützt dich eine bspw. Kerze bei dieser neuen, bisher unbekannten Tätigkeit der Fokussierung deiner Gedanken.

1. Meditation zur Verbesserung der Konzentrationsfähigkeit

I. Schalte alle Störquellen aus und nimm dir eine neutrale, weiße Kerze oder ein Teelicht ohne Duftzusatz.

II. Zünde die Kerze an und stelle sie 4 bis 5 Meter von dir entfernt sicher auf einen Tisch.

III. Du selbst nimmst eine für dich gemütliche Position ein, in der du es 30 Minuten bequem aushältst.

IV. Konzentriere dich nur auf die Flamme der Kerze und schalte deine Gedanken komplett aus.

V. Schweifen deine Gedanken ab, löse dich davon und kehre mit deiner Konzentration zur Flamme zurück.

Wenn du diese Meditation regelmäßig (d.h. mindestens einmal täglich) wiederholst, wird es dir immer leichter fallen dich die ganzen 30 Minuten auf die Flamme zu konzentrieren.

Die Flamme ist lediglich ein Hilfsmittel, welches Wärme und Sicherheit ausstrahlt. Du kannst auch einfach einen Kreis auf ein Blatt Papier zeichnen oder ein Wort, wie z.B. „Liebe" aufschreiben und dich darauf konzentrieren. Oder du nimmst ein Foto von dir, auf dem du dir gut gefällst, als Fixpunkt.

Hast du die Kontrolle über deine Gedanken/deinen Geist zurückgewonnen, kannst du im Alltag bewusster leben, bist im Beruf leistungsfähiger und gewinnst zunehmend die Kontrolle über dein Leben zurück. Diese zurück erlangte Kontrolle ermöglicht es dir negative Gewohnheitsmuster (z.B. Rauchen) zu erkennen und zu entkräften bzw. in etwas Positives zu lenken. Die Konzentrationsübung ermöglicht dir darüber hinaus mehr Achtsamkeit und Aufmerksamkeit in all deinen täglichen Handlungen, welche dadurch mehr Energie erhalten.

→ *Denn: Energie folgt immer der Aufmerksamkeit. Je mehr Aufmerksamkeit du auf eine Aufgabe richtest, desto mehr Energie erhält sie und umso besser ist das Ergebnis!*

2. Meditation zur Gedankenkontrolle

Schaffe, wie bereits oben beschrieben, eine entspannte und wohlige Atmosphäre in der du dich wohl fühlst. Setze dich aufrecht auf einen Stuhl und lege deine Hände auf deinen Oberschenkeln ab. Diese Meditation besteht aus vier Teilen:
Einatmen – Luft anhalten – Ausatmen – Luft anhalten.

I.   Während du einatmest, zählst du im Sekundentakt bist sieben.
1 – 2 – 3 – 4 – 5 – 6 – 7 STOPP

II. Bei sieben angekommen hältst du die Luft an und zählst wieder im Sekundentakt bis sieben.
1 – 2 – 3 – 4 – 5 – 6 – 7 STOPP

III. Bei sieben angekommen, atmest du die Luft gleichmäßig aus und zählst dabei wieder bis sieben.
1 – 2 – 3 – 4 – 5 – 6 – 7 STOPP

IV. Du hältst wieder die Luft an und zählst dabei bis sieben.
1 – 2 – 3 – 4 – 5 – 6 – 7 STOPP

V.   Du beginnst von vorn mit dem Einatmen.

Folgendes Bild soll diesen sich wiederholenden Vorgang darstellen:

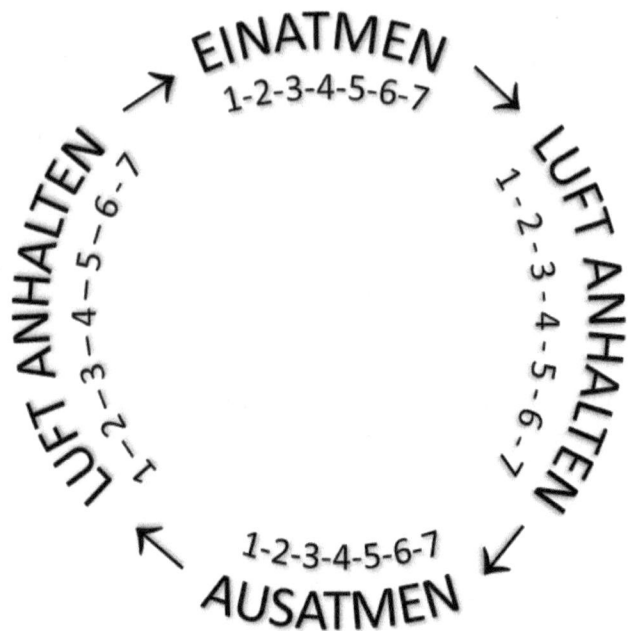

Das Ziel sollte nach einiger Zeit sein, die Übung ca. zehn Minuten durchzuhalten.

Bei dieser Meditation geschieht folgendes: Durch das Eingreifen in den normalerweise vegetativen, automatisch ablaufenden Atmungsprozess und das Erlangen der Kontrolle darüber, schaltet dein Verstand in einen Notfallmodus, in dem du besonders hellwach und bewusst bist. Hinzu kommt, dass du durch das Zählen bereits die Gedanken vorgibst, was den Effekt der Gedankenkontrolle steigert. Dies überträgt sich natürlich auch auf deinen Alltag.

Wenn du diese Meditation regelmäßig anwendest, bist du auch in stressigen und unvorhersehbaren Situationen in der Lage deine Gedanken zu kontrollieren.

3. Anleitung zum Stopp negativer Gedanken (für den Notfall)

Denken ist die Kommunikation mit uns selbst. Ständig bewertet unser Verstand alles das, was wir über unsere Sinne wahrnehmen. Deine Gedanken bestimmen deine Gefühle und deine Gefühle beeinflussen dein Handeln. Unser Verstand prüft auch, ob Gefahr droht oder wir uns entspannen können. Nicht immer ist das Denken von positiven Aspekten geprägt. Stress und ungünstige Lebenssituationen führen zu nicht-selbstbestimmten Gedanken. Das kann so weit gehen, dass negative Gedanken die Oberhand gewinnen, sich ständig wiederholen und dich mit negativen Gefühlen ausfüllen. Du kannst nicht mehr achtsam sein und selbst über deine Gedanken bestimmen. Das ist eine Negativspirale.

Und sicherlich hast du es auch schon erlebt, dass deine Gedanken in solch einer Negativspirale festhängen und du immer wieder über die gleichen Dinge grübeln musst. Hierbei empfehle ich eine einfache und bewährte Methode, bei der du wieder aktiv in deine Atmung eingreifst und dein Bewusstsein sofort in den gedankenfreien Achtsamkeitsmodus wechselt. Das kommt daher, dass bei Unterbrechung der Luftzufuhr das Unterbewusstsein sofort in einen Notfallmodus schaltet. Die Gedanken stoppen automatisch und dem gesamten Organismus wird mehr Leistung zur Verfügung gestellt um eine Lösung für diese Atemunterbrechung zu finden und den drohenden Erstickungstod abzuwenden. Diesen Effekt kannst du dir zu

Nutze machen, wenn du feststellst, dass deine Gedanken mal wieder in einer Negativspirale festhängen.

Anleitung:
Du atmest tief ein und hältst die Luft so lang an, wie du kannst. Dafür hat jeder andere körperliche Voraussetzungen. Erkenne deine eigene Grenze. Deine Gedanken stoppen unmittelbar und nach einer Weile kannst du die Kontrolle übernehmen und mit für dich positiven Gedanken neu starten. Wiederhole das Luftanhalten mehrmals, bis der gewünschte Effekt eintritt und positive Gedanken die Oberhand gewonnen haben.

Voraussetzung, dass du diese Meditation anwenden kannst, ist das Erkennen deiner negativen Gedankenspirale. Diese Herangehensweise ist natürlich nur eine Lösung für den Akutfall. Solltest du häufiger oder gar ständig dem Zwang negativer Gedanken unterliegen, rate ich dir psychologische Hilfe in Anspruch zu nehmen.

11. Die Quellen der Kraft

Kraftquellen sind in erster Linie im geistigen Sinne zu verstehen. Allerdings ist die körperliche Kraft von der geistigen abhängig und umgekehrt. Körperliche und geistige Kraft beeinflussen sich gegenseitig. Ohne geistige Kraft, auch als Willenskraft bezeichnet, hebt der kräftigste Körper keine Lasten. Umgekehrt nützt der stärkste Wille nichts, wenn die körperlichen Voraussetzungen fehlen. Die Quelle der Kraft liegt allerdings im Geistigen, denn um deinen Körper gesund und leistungsfähig zu halten und um ihn zu formen, benötigst du erst einmal Geist, Wissen, Motivation und Intention. Es gibt mittlerweile viele Dinge, die dir Kraft rauben von denen du gar nicht ahnst, dass sie so kraftzehrend sind.

Wichtige Kraftquellen sind:

- sich in der Natur aufhalten
- viel lachen und Spaß haben
- sinnhafte Gespräche mit Menschen, die du magst
- sinnvolle Aufgaben, Berufung ausleben, Lebensaufgabe
- Hobbys
- richtiges Beten, Meditation
- Glaube und Glaubensgemeinschaften, Spiritualität
- der für dich „richtige" Gott
- Lebensziel und Lebenssinn
- wertvolle soziale Kontakte, Ausgewogenheit zwischen Geben und Nehmen, stabiles soziales Umfeld, positive Lebensumstände
- schöne Orte aufsuchen, Urlaub

- anderen helfen, eventuell ein Ehrenamt, wenn du dich dabei nicht aufreibst (Selbstschutz beachten, dadurch entsteht eine Win-Win-Situation)
- Flowzustand = etwas mit absoluter Hingabe machen und dabei alles andere vergessen
- Kinder! Mit Kindern toben und selbst wieder Kind sein
- Positive Gedanken
- **Immer hohe Qualität in allen Bereichen, z.B. Nahrung, Schlaf, Bewegung, soziale Aktivitäten, ...**

Kraftquellen haben natürlich auch **Gegenspieler, die Krafträuber.** Dazu gehören:

- Dauerlärm
- zu viel TV, Radio, Internet, Computerspiele, Elektrosmog
- Sinnlosigkeit, Frustration, Perspektivlosigkeit, Freudlosigkeit
- Rauchen, Alkohol, Süchte
- Zeitdruck, ungünstiges Zeitmanagement
- Mobbing, ständige Arbeitsunterbrechung
- Konflikte privat und beruflich
- negative Lebensumstände, nicht rückzahlbare Schulden
- Fehlernährung & Bewegungsmangel
- Schlafmangel, Schlafstörungen, Schichtarbeit
- jede Form von Mangel
- negative, anstrengende und unangenehme Menschen, soziale Energieräuber
- Reizüberflutung durch Windparks im Blickfeld (auch Infraschall)

→ *Achtung! Es ist wichtig, dass du diese Auflistung nicht einfach nur gelesen hast. Bitte überprüfe das Verhältnis von Krafträubern und Kraftquellen in deinem Leben. Liste diese jeweils auf, so bekommst du einen besseren Überblick und kannst nach Priorität entscheiden. Am besten du beginnst mit den einfach umzusetzenden Punkten zuerst um schnelle Erfolge zu erzielen.*

Destruktive Gedanken, Wut, Hass, Neid, Ärger, andauernde Trauer sowie anhaltend negative Gedanken kosten viel Energie und halten uns in schlechter Stimmung. Das hindert uns daran, schöne Erlebnisse zu haben und zu genießen. Da helfen Tanzen, Musik machen, Bogenschießen, Klettern, Segeln, Schach und noch viele andere positive Beschäftigungen. Parallel dazu sollte jedoch die Quelle der negativen Gedanken aufgespürt und neutralisiert werden. Die möglichen Quellen sind sehr vielfältig und meistens nicht so offensichtlich. Auch ein nerviger Kollege, der ständig von seinen Problemen berichtet, kostet Kraft. Dieser Kollege ist ein „Energiesauger" in deinem Leben. Ich nenne diese Art von Menschen auch gern „Energievampire". Wie du Krafträuber aufspürst, beschreibt im Ansatz dieses Buch. Liegt die Ursache deiner Trauer oder deiner destruktiven Gedanken jedoch in einem schwerwiegenden, nicht aufgearbeiteten Trauma, so solltest du dir professionelle psychologische Hilfe suchen.

Jedem steht täglich, abhängig von den persönlichen Voraussetzungen, eine bestimmte Menge Energie zur Verfügung. Kraftquellen, die in jeden Tag integriert werden, erhöhen diese Energiemenge. Krafträuber senken sie. Verbrauchst du dauerhaft mehr Energie, als dir zur Verfügung steht, laugst du geistig und körperlich aus. Dieser

Energiemangel kann früher oder später Krankheiten entstehen lassen. Zu viele Krafträuber verkürzen die Lebenszeit und senken die Lebensqualität.

11.1 Bedeutende Kraftquellen

Natur.
Inzwischen ist es normal sich 90% oder sogar 100% des Tages in geschlossenen Räumen bei künstlichen Licht und verbrauchter, staubiger Luft aufzuhalten. Eine nicht zu unterschätzende Kraftquelle ist die Natur mit all dem, was sie zu bieten hat: Frischluft, Tageslicht, natürliche Farben, Formen und Geräusche, ungestörte geomantische Felder und keine von Menschen verursachte Störungen. Sich draußen aufzuhalten, dem Vogelgezwitscher und Blätterrauschen zu lauschen, scheint altmodisch zu sein, bergen für Gesundheit und Wohlbefinden jedoch kaum ersetzbare positive Effekte. Die Natur ist heilsam und vor allem gratis. Natürliche Landschaften wirken mentaler Ermüdung entgegen und erhöhen die Konzentrationsfähigkeit. Nachweislich steigern Aufenthalte in der Natur die Aufmerksamkeit und kognitive Leitungsfähigkeit. Eine natürliche Umgebung beeinflusst die subjektive Gefühlslage und lässt Aggressionen und Frustration abnehmen. Menschen, die sich regelmäßig draußen bewegen, fühlen sich fitter und gestärkter als Fitnessstudiogänger. Grund dafür ist, dass in der Natur weniger Stresshormone (Kortisol) ausgeschüttet werden, als in einer künstlichen und überreizenden Umgebung. Der Hormonhaushalt verändert sich zum Positiven, Stress kann dir weniger anhaben. Weiterhin fördert die Natur Kreativität und Ideenreichtum, was insbesondere für Kinder wichtig ist. Auch das natürliche Licht beeinflusst positiv unsere Stimmungslage, Herzkreislaufsystem, Blutdruck, Muskelaktivität

und Wachstum. Du solltest all diese Vorteile der Natur regelmäßig nutzen, um deine Gesundheit zu fördern und geistige und mentale Kraft zu stärken.

Schlaf.

Schlaf ist neben der Natur eine der wichtigsten Kraftquellen. Im Idealfall verbringen wir etwa ein Drittel unserer Lebenszeit schlafend. Das ist notwendig, um geistig und körperlich zu regenerieren, das Erlebte zu verarbeiten und uns zu reparieren. Da Schlaf zu den Lebensmitteln zählt, würden wir ohne Schlaf innerhalb weniger Tage an Erschöpfung sterben. Zu wenig Schlaf oder Schlaf in schlechter Qualität lässt den Mensch als Ganzes nicht ausreichend regenerieren. Kurzzeitig kann dieser Missstand ausgeglichen werden. Langfristig führt er zu Krankheit und frühzeitigem Tod.

Das bedeutet, ausreichend **Schlaf in hoher Qualität** verbessert die Gesundheit und steigert die Wiederstandfähigkeit. Es gibt unterschiedliche Schlaftypen. Der eine steht gerne früh auf (sogenannte Lerchen), der andere lieber spät (sogenannte Eulen). Das hat etwas mit der inneren Uhr zu tun, die durch unsere Gene bestimmt wird. Du solltest möglichst nicht dagegen ankämpfen, sondern versuchen, deinen beruflichen und familiären Alltag daran anzupassen. Es ist in Ordnung, Langschläfer zu sein. Dauerhaft gegen seine innere Uhr anzukämpfen, macht erwiesenermaßen krank und verkürzt das Leben.

11.2 Schlafhygiene - Was ist wichtig für guten Schlaf?

Mobiltelefon ausschalten! Die Nacht ist zum Schlafen da. So wichtig können die nächtlichen Nachrichten doch nicht sein. In einem Notfall kann auch an der Tür geklingelt werden. Wer das Mobiltelefon als Wecker verwendet, kann es – je nach Modell - ausschalten oder auf Flugmodus stellen. Lege dein Mobiltelefon/Smartphone mindestens drei Meter vom Bett weg, um Störungen durch die Strahlung zu vermeiden. Für einen guten Start in den Tag ist die Art und Weise, wie du geweckt wirst, entscheidend. Auf keinen Fall sollten es schnelle, aggressive, laute und unharmonische Wecktöne sein. Diese versetzen dich gleich morgens in einen unnötigen Stresszustand. Ideal sind angenehme und ruhige Klänge. Diese Harmonie begleitet dich dann durch den Tag.

Auch Mobilfunksendemasten können je nach Entfernung deinen Schlaf negativ beeinflussen. Je weiter entfernt diese sind, desto besser ist es. Gleiches gilt für WLAN und Bluetooth. Liegt deine Wohnung oder dein Schlafplatz direkt an einer solchen Anlage, können abschirmende Tapeten, Wandfarben oder Baldachine die Strahlenbelastung senken.

Schnurlostelefone haben an deinem Schlafplatz nichts verloren. Trenne sie nachts vom Stromkreis oder stelle sie so weit weg, wie möglich. Langfristig bewähren sich die guten alten Telefonapparate mit Kabel: von diesen Geräten geht keine schlafstörende Wirkung aus und langes Telefonieren erhöht so definitiv nicht das Risiko an Krebs zu erkranken.

Trenne WLAN-Router nachts ebenfalls vom Stromkreis.
WLAN-Router können ganz einfach lokalisiert werden, indem du am Schlafplatz mit deinem Mobiltelefon nach verfügbaren starken WLAN-Netzen suchst. Ist das der Fall, ist es wahrscheinlich, dass ein Nachbar in der Nähe seinen Router stehen hat. Willst du auf Nummer sicher gehen, findest du zum Thema Strahlen aufspüren und abschirmen auf meiner Internetseite einige Angebote.

Verbanne Elektrogeräte aus dem Schlafbereich. Sie stören deinen Schlaf durch die erzeugten elektromagnetischen Felder. Aus den Kabeln und anderen Bauteilen dünsten mit der Zeit krank machende Chemikalien aus, die über die Atmung aufgenommen werden. Außerdem bietet sich ein Netzfreischalter an, der in den Sicherungskasten eingebaut wird. Dadurch fließt nur Strom durch die verlegten Leitungen, wenn ein Gerät eingeschaltet wird. Diese Möglichkeit ist auch relativ günstig umzusetzen.

→ *Achtung: die Wohnung des Nachbarn!*
Dein Schlafbereich sollte nun soweit in Ordnung sein. Doch Strahlung und Magnetfelder machen vor Wänden nicht Halt und durchdringen sie. Sollte dein Nachbar auf der anderen Seite der Wand WLAN-Router, Fernseher, Lautsprecherboxen (Magnet) oder Mikrowelle etc. stehen haben, hat das natürlich auch Auswirkungen auf deinen Schlaf. Um Strahlungsquellen hinter Wänden zu lokalisieren, verwende ich spezielle Geräte, die hochfrequente und niederfrequente Strahlung Anzeigen. Gegebenenfalls sind Abschirmmaßnahmen, Wechsel des Schlafplatzes oder sogar ein Umzug notwendig.

Schirme dich vor Lärm oder auch leisen Dauergeräuschen, Vibrationen und Lichteinfall ab. Dazu gehören eine rauschende Straße, ein brummender Kühlschrank, eine tickende Uhr an der Wand, die Brennanlage der Gasheizung, ein Ventilator und die kleine leuchtende LED vom Fernseher. Darüber hinaus gilt auch Infraschall als schlafstörend. Das sind Geräusche unterhalb des menschlichen Hörspektrums, die aber trotzdem Stress auslösen können. Infraschall kann an Windkraftanlagen, Brennanlagen von Gas- und Ölheizungen oder an Brücken durch Wind entstehen.

Im Schlafbereich sollte kaltes Licht, d.h. im blauen Spektrum vermieden werden. Blaues Licht wirkt anregend und verhindert die für einen angenehmen Schlaf nötige Produktion von Melatonin. Warmes Licht im roten Farbspektrum ähnelt dem Abendrot und fährt die körperlichen Systeme allmählich herunter. Besonders für die Zeit vor dem Zubettgehen ist das wichtig, denn auch dieser Zeitraum beeinflusst den späteren Schlaf. Vermeide es also direkt vor dem Schlaf Fernzusehen oder dein Smartphone zu nutzen, da blaues Licht, das von diesen Geräten ausgeht, dich in einen künstlich aktivierten Zustand, versetzt. Licht im blauen Spektrum aktiviert die Sehzellen unter der Netzhaut und lässt Müdigkeit verschwinden. Stattdessen könntest du ein Buch lesen oder meditieren.

→ *Du wunderst dich, dass dein bis gerade eben müdes Kind nach dem Zähneputzen wieder total wach und aktiviert ist und von Zubettgehen keine Rede mehr ist? Im Bad befinden sich häufig Lampen, die Licht im blauen Spektrum abgeben. Versuche also diese Lichtquelle am Abend zu meiden oder gegen ein wärmeres Licht zu ersetzen.*

Gibt es gravierende bauliche Störquellen, die den Schlaf beeinträchtigen, ist es nicht übertrieben, nach einer neuen Wohnung oder einem neuen Haus zu suchen. Denn es geht um deine Gesundheit. Das schönste Haus nützt dir nichts, wenn du darin krank wirst. Alles Geld, das du jetzt in deine Gesundheit investierst, bekommst du später durch bessere Lebensqualität, mehr Lebenszeit und somit mehr ausgezahlte Rente wieder. Solltest du nicht die Möglichkeit haben, sofort umzuziehen oder dich abzuschirmen, hilft dir deine neu erlangte Widerstandfähigkeit die Beeinträchtigungen durch Störquellen für einen gewissen Zeitraum zu überstehen. Mittel- und vor allem langfristig empfehle ich aber, eine störungsarme Wohnung oder ein Haus zu suchen.

Beim Thema Störquellen kannst du ebenfalls die folgende Faustregel anwenden:

→ *Die Belastung nimmt proportional mit der Vergrößerung des Abstandes zur Störquelle ab.*

Mit diesen Informationen kannst du in wenigen Schritten deine Schlafqualität verbessern. Je mehr Störquellen du beseitigst, desto erholsamer und kraftgebender wird dein Schlaf.

11.3 Unterschätzte Krafträuber

Stress.

Der Stressmodus ist ein unbewusst ablaufendes biologisches Programm, welches das Leben des Menschen in Extremsituationen wie Flucht oder Kampf schützen soll. Nehmen wir das Beispiel mit dem Säbelzahntiger. Vor 15.000 Jahren geht ein Mensch durch den Wald und trifft plötzlich auf einen Säbelzahntiger. Der Mensch hat die Möglichkeit zu kämpfen oder zu fliehen. Egal, ob er sich für den Kampf- oder Fluchtmodus entscheidet, im Bruchteil einer Sekunde verändert der Körper die Art und Menge der ausgeschütteten Hormone. Das bewirkt die Steigerung der Konzentration, Muskelanspannung sowie Erhöhung der Herz- und Atemfrequenz mit einhergehender Steigerung der Sauerstoffaufnahme. Der Mensch befindet sich jetzt im Stressmodus, um seine Überlebenschancen zu erhöhen. Gelingt es ihm zu fliehen oder den Säbelzahntiger zu besiegen, sinkt nach einiger Zeit die Ausschüttung der Stresshormone wie z.B. Adrenalin und Cortisol. Der Körper geht nun zurück in den Normalmodus.

In der heutigen Zeit gibt es keine Säbelzahntiger mehr. Die wenigen Tiere, die uns in Deutschland heuten noch gefährlich werden könnten, sind Wildschweine oder Wölfe. Diese siehst du in der Regel eher im Zoo.

Dennoch befinden sich viele Menschen im permanenten Stressmodus. Das heißt, ihre Körper schütten regelmäßig Stresshormone aus, obwohl sie sich eigentlich gar nicht in Gefahr befinden. Hervorgerufen wird das durch Hektik, Zeitmangel, Druck am Arbeitsplatz, Überbelastung, Dauerlärm, Lichtmangel, Schlafmangel, Konflikte, Ängste, Wut und andere negative Gedanken und daraus resultierende Emotionen. Vor allem Frauen sind häufig von einer Mehrfachbelastung durch Arbeit, Familie, Haushalt und anderen Verpflichtungen überbelastet. Zu diesem wichtigen Thema erfährst du aber später mehr im Kapitel „Zeitmanagement und Rollenverteilung".

Im Stressmodus wird mehr Energie in Form von Blutzucker oder Blutfett zur Verfügung gestellt. Da es im normalen Tagesgeschehen oft an Bewegung mangelt, wird diese Energie nur unzureichend verbraucht, was zur Entstehung von Krankheiten wie Gefäßverengungen, Schlaganfall, Herzinfarkt und Diabetes führen kann. Darum ist es wichtig die Stressquellen, die man nicht einfach umgehen oder ausschalten kann, auf eine andere Art zu neutralisieren.

Dies kann durch Aktivierung der Gegenspieler gelingen. Zu den Gegenspielers von Stress zählen die bekannten Kraftquellen: wandern oder spazieren in der Natur, tanzen gehen, toben mit den Kindern, leichte Gartenarbeit, fröhlicher Spieleabend mit Freunden und Familie, ehrenamtliche Tätigkeit, gutes soziales Netzwerk, regelmäßig Sport treiben, dem Hobby nachgehen, Meditation, Entspannungsübungen, Yoga, sich etwas von der Seele reden, regelmäßiges Saunieren oder Wellnessmassagen und sich im **Flowzustand** bewegen. **Der Flowzustand ist ein Zustand genau zwischen Über- und Unterforderung, ein optimaler Zustand maximaler Motivation und beglückender Vertiefung.**

Der Flowzustand kann während der verschiedensten Tätigkeiten erreicht werden. Du erkennst ihn daran, dass du kein Zeitgefühl mehr hast, keine Sorgen oder Ängste verspürst und glücklich bist - so wie ein Kind das ins Spielen vertieft ist. Mozart, Goethe, Einstein oder da Vinci befanden sich in diesem Flowzustand, als sie ihre größten Werke erschufen.

Falsche Kraftquellen, die von vielen als Entspannung angesehen werden, sind:

- Rauchen, Alkohol
- Süßigkeiten, Frustessen
- stundenlange Computerspiele
- sich vom Fernseher oder Radio berieseln lassen.

Smartphone und Tablet.
Sie sind aus der heutigen Zeit nicht mehr wegzudenken und erlangen einen immer höheren Stellenwert, daher ist es wichtig zu wissen, dass das/die Gerät/e ohne das du dir dein Leben wahrscheinlich nicht mehr vorstellen magst, in Wahrheit **üble Kraft-, Energie- und Lebenszeiträuber** sind.

→ *Geistige Energie (= Lebensenergie) folgt immer der Auf-*
merksamkeit.

Wenn die Aufmerksamkeit über einen längeren Zeitraum in die Benutzung deines Smartphones fließt, geht dir diese Energie verloren.
Die Energie fließt direkt zu Sony, Samsung, Huawei und Apple. Sie
beschert diesen Unternehmen florierende Geschäfte.

Gleiches geschieht bei Fernsehen, PC- und Videospielen. Die Beson-
derheit beim Fernsehen ist, dass deine Energie auf die gezeigten
Menschen übergeht. Sehen sich am Sonntagabend 20:15 Uhr beispielsweise 4 Millionen Menschen einen Film mit Brad Pitt an, erhält
er die sowohl positive als auch negative Energie der Zuschauer.
Ist dir schon mal aufgefallen, dass medial sehr präsente Menschen
häufig sehr schnell an Vitalkraft verlieren? Liegt es vielleicht daran,
dass z.B. Politiker überwiegend Wut anstatt positive Gedanken erhalten? Als Politiker in der Öffentlichkeit zu stehen kann viel Hass
auf sich ziehen, was zu schnellem Abbau der Substanz führen kann.
Ausnahmen sind Persönlichkeiten wie der sehr charismatische
Kanzler Helmut Schmidt. Schmidt wurde auch in gegnerischen Par-
teien sowie international respektiert und ihn umgab eher mehr positive als negative Energie. Die einstigen Sympathieträger Karl-The-
odor von und zu Guttenberg sowie Christian Wulff und seine Frau
sind Beispiele dafür, was mit Menschen passiert, die überwiegend
negative Gedanken und Wünsche über das auf den Fernseher proji-
zierte Bild (die Leitung zum Empfänger) abbekommen. Nachdem
diesen Menschen leider übel mitgespielt wurde, hatten sie in auffäl-
lig kurzer Zeit an Ausstrahlung und Kraft verloren.

Selbsttest

Mach es dir auf dem Sofa gemütlich und nutze 3 Stunden dauerhaft dein Smartphone. Schau dir Videos an und bediene deine Apps. Beobachte dich, wie es dir nach diesen 3 Stunden geht. Wie fühlst du dich danach? Erholt, frisch, motiviert und aktiviert oder doch eher unausgeglichen, gestresst, gereizt, müde und antriebslos?

Mache den gleichen Test mit einem dreistündigen Aufenthalt in der Natur. Gehe Spazieren oder entspanne auf einer Bank im Wald. Wie fühlst du dich danach? Entspannt, beruhigt, ausgeglichen und gut gelaunt?

Das ist ganz natürlich und liegt u.a. an der Bildverarbeitungsleistung deines Gehirns. Das Gehirn ist in der Lage eine bestimmte Anzahl Bilder pro Sekunde zu verarbeiten. Das unterscheidet sich von Mensch zu Mensch. Das menschliche Gehirn verarbeitet pro Sekunde ca. 16 Bilder (das entspräche 16Hz bei Monitoren). Das Display deines Smartphones arbeitet mit 60Hz, neueste Geräte mit 90Hz und mehr. Hinzu kommt, dass du bei der Nutzung deines Smartphones ungünstigen und unnatürlichen blauen Licht, Elektrosmog und Mikrowellenstrahlung ausgesetzt bist. Weiterhin fokussierst du dich in dieser Zeit auf etwas Unnatürliches. Es bedarf nicht viel Überlegung, dass das Stress erzeugt und dich in einen Zustand der Anspannung versetzt.

Die Natur entspricht dem natürlichen Spektrum von sich wiederholenden Bildern. Dort siehst du natürliche Farben, Formen und Licht, atmest frische Luft und bist keinem Elektrosmog oder unnatürlicher Strahlung ausgesetzt. Bestenfalls bewegst du dich und gibst deinem

Körper die Möglichkeit dein Stresslevel zu senken. Ein weiterer interessanter Fakt ist, dass natürliches Licht nicht nur Depressionen vorbeugt, sondern auch Kurzsichtigkeit. Smartphones und auch Tablets hingegen fördern sehr stark Kurzsichtigkeit.

Bewegst du dich in einem Wald und siehst die Bilder des Waldes, bist du in Resonanz, das heißt in Harmonie. Sehen deine Augen künstliches Licht mit einer großen Anzahl schnell wechselnder Bilder, bist du in Dissonanz und das erzeugt Stress.

Hinzu kommt, dass bei intensiver Smartphone-/Tabletnutzung der Körper oft sehr lang Zeit inaktiv ist, über Bilder, Videos und Spiele jedoch Erlebnisse künstlich simuliert werden. Es werden alle nötigen Ressourcen (Botenstoffe, Hormone etc.) zur Verfügung gestellt, die es für ein reales Erlebnis benötigt. Der Körper jedoch baut diese Stoffe, durch den inaktiven Zustand, nicht hinreichend ab. Ein Effekt, der noch deutlicher bei PC- oder Konsolenspielen zu beobachten ist.

Dieser Zustand erzeugt Stress, Nervosität und Unzufriedenheit und kann dazu auch Aggressionen, Frustration und antisoziales Verhalten fördern.

Haustiere.
Haustiere können für Menschen eine Kraftquelle aber auch ein Krafträuber sein. Das hängt von den persönlichen Charaktereigenschaften und der jeweiligen Lebenssituation des Menschen aber auch von der Art des Haustieres ab.

Für jemanden, der gerade seinen Partner verloren und keinen Antrieb mehr hat, kann es bereichernd sein sich den passenden Hund zuzulegen. Ein Hund motiviert dazu hinaus in die Natur zu gehen und bietet durchaus einen adäquaten Familienersatz. Hunde und auch andere Tiere machen Freude und geben, abhängig von Art und Rasse, körperliche Nähe. Tiere vertreiben das Gefühl der Einsamkeit, was ein durchaus wichtiger Aspekt ist, da langanhaltende Einsamkeit eine Ursache für Krankheiten sein kann. Tiere nehmen in Millionen Haushalten in Deutschland einen wichtigen Platz ein. Der Mensch braucht eine Aufgabe und für viele ist die Sorge für ein Tier genau die richtige Aufgabe und kann z.B. einen unerfüllten Kinderwunsch kompensieren. Es ist jedoch bedeutsam, dass das Tier zum Halter passt, sodass aus beiden eine Symbiose entsteht. Wichtig für diese Symbiose sind Faktoren wie passende Lebensumstände, Zeit, Geduld und entsprechend finanzielle Mittel um das Tier zu versorgen.

Als Krafträuber wirkt ein Hund, wenn…

- er immer wieder Ärger macht, weil er nicht richtig erzogen wurde.
- du eigentlich keine Zeit für ihn hast, weil du im Leben fest eingespannt bist.
- die Rasse auf Grund ihres Charakters nicht zu dir passt.

12. Die Programmierung des Menschen

Wenn dauerhafte Energie- und Antriebslosigkeit dein Leben belasten, du auch kraftgebende Momente nicht genießen kannst und durch gesunde Ernährung, intensive Nutzung von Kraftquellen bei gleichzeitiger Vermeidung von Krafträubern keine Veränderung deines gestressten und krankmachenden Zustandes bringen, könnte auch ein tiefliegendes, unaufgedecktes Trauma die Ursache deiner Stress- bzw. Krankheitssymptome sein.

Erkennst du dich darin wieder, kann ich dir nur empfehlen, deine Vergangenheit Stück für Stück aufzuräumen bzw. aufzuarbeiten und zwar am besten mit Hilfe eines guten Psychotherapeuten, der mit Werkzeugen wie ursachenaufdeckender Hypnose arbeitet. Verhaltenstherapie ist meines Erachtens nach ungeeignet, da du dabei lernst, dich dem Problem anzupassen, anstatt es auszuschalten.

Fast jeder Mensch hat in der Regel in der frühen Kindheit etwas mehr oder weniger traumatisierendes erlebt. Manche Erlebnisse waren so schlimm, dass sie zum eigenen Schutz vom Unterbewusstsein in seinen Tiefen versteckt wurden und somit keine bewusste Erinnerung besteht. Dennoch entfalten Traumata ihre Wirkung und können Krankheiten oder Verhaltensauffälligkeiten hervorrufen bzw. die Selbstheilungskräfte deines Körpers und der Seele schwächen. Die Vergangenheit kann nicht ungeschehen gemacht werden. Doch mit z.B. Hypnose kannst du dem Erlebnis die negative Energie entziehen, sodass es zu einer neutralen Erinnerung ohne Kraft und Wirkung wird.

Des Weiteren gibt es eine Vielzahl an unsinnigen Dogmen und Glaubenssätzen, die dem Menschen aufgedrückt wurden und die ihn zu einem mehr oder weniger funktionierenden Zahnrad im System machen. Der Mensch unterliegt von Geburt an der Programmierung anderer Menschen wie Eltern, Erziehern, Lehrern und Verwandten, also allen, die einen Einfluss auf ihn ausüben konnten.

Du kannst nicht davon ausgehen, dass die Pädagogen im Kindergarten oder in der Schule unfehlbar sind und Recht haben mit dem, was sie dir vermittelt haben. Auch sie wurden von Menschen programmiert, die wiederum vorher schon programmiert wurden, was eine sehr lange Kette von Programmierungen bedeutet. Und ich frage mich: Wenn die Erziehung und die Konditionierungen der modernen Menschen angeblich so hochentwickelt und richtig sind, warum ist die Welt dann immer noch so ungerecht? Warum werden von Deutschland aus Panzer in andere Staaten verkauft, die diese nutzen, um Menschen zu töten? Warum sterben immer noch täglich 5.000 Kinder auf der Erde an Hunger oder Durchfall, obwohl genügend Kapital vorhanden ist, um dieses Problem bei der Ursache zu packen? Warum krepieren jedes Jahr über 100.000 Deutsche an den Folgen des Rauchens? Warum werden heute noch riesige Flächen Regenwald aus Profitgründen unwiederbringlich abgeholzt, wenn unser System der Bildung/Programmierung so gut ist? Wo sind also diese perfekt erzogenen Menschen, die in ihren politischen und wirtschaftlich entscheidenden Positionen die Erde retten?

Ein Kind, das geboren wird, braucht keine Erziehung. Wichtig ist, einem Kind dauerhaft das Angebot zur stabilen Beziehung zu unterbreiten, Gefahren aufzuzeigen und den Unterschied aus Gut und

Böse zu erklären. Mit diesem Werkzeug haben Kinder die Möglichkeit die Welt neu zu entdecken, alte Muster zu überdenken und Dinge anders zu machen, wenn wir sie lassen. Vielleicht wird sich die Welt dann irgendwann zum Positiven verändern.

In den Kitas wird nicht gezeigt, was ein Mensch zur freien Entfaltung benötigt, sondern was den **derzeitigen gesellschaftlichen Normen** und dem Bildungsplan entspricht – eingefärbt von den persönlichen Überzeugungen der ErzieherInnen.

Doch wie erkenne ich gut oder böse, richtig oder falsch?

Wenn du dir nicht sicher bist, stell dir diese Frage:

Würde Jesus das auch tun?
oder
Würde Jesus wollen, dass ich das tue?

Mit dieser Fragestellung können vor allem Kinder, wenn sie über Jesus Christus und sein Wirken aufgeklärt wurden, intuitiv herausfinden was gut oder böse ist. Du kannst ableiten was böse ist, indem du an die bildliche Vorstellungskraft und Intuition appellierst:

Würde Jesus wollen, dass ich einen Joint rauche?
Würde Jesus die heutige Massentierhaltung befürworten und das Kalb nach seiner Geburt der Mutter entreißen?

Bestimmte Dogmen und Glaubenssätze, die uns als Kind tagtäglich „verkauft" wurden, können uns als Erwachsene blockieren und falsche Entscheidungen treffen lassen. Ein gesundes Kind bspw. weiß instinktiv, was ihm gut tut, sagt ehrlich was es fühlt und kann eigene Grenzen abschätzen. Die permanente Manipulation von außen sorgt jedoch dafür, dass viele Menschen (die sich davon nicht befreien können) sich von Kindheit an nicht frei entfalten, keine eigenen Bestimmungen entwickeln und kein freies Leben führen können.

Hierbei muss man verstehen, dass auch die Führer der Nationen nach bestimmten Mustern programmiert wurden und daher negative Entscheidungen für Natur, Kultur und Gesellschaft treffen. Insbesondere egoistische Menschen, Menschen, die die Ellenbogen ausfahren können, schaffen es an die politische Spitze. Diejenigen Personen sind jedoch ungeeignet humane Entscheidungen für ein ganzes Volk zu treffen.

Von Natur aus ist der Mensch egoistisch (evolutionär) geprägt. Er ist ein Homo Oeconomicus, ein rationales und nutzenmaximierendes Wesen. Der Egoismus sicherte damals vor allem das eigene und genetische Überleben und entsprach weniger einem aktiven selbstsüchtigen und rücksichtslosen Interesse, wie wir es heute kennen. Daher hat es das Positive (Selbstlose und Uneigennützige), was für das Überleben einer Gesellschaft wichtig ist, schwer. Menschen, mit stark ausgeprägten Egoismus, schaffen es eher an die Machtspitze einer Gesellschaft und treffen wiederum Entscheidungen für/über andere. Diese Entscheidungen sind demzufolge auch von Egoismus geprägt und haben Auswirkungen auf Natur und Gesellschaft. Darum kommen dir bestimmt viele Entscheidungen in der Politik unlogisch und schlecht vor. Die führenden Politiker haben aufgrund ihrer anderen psychosozialen Merkmale, stark ausgeprägtem Egoismus bei gleichzeitiger Empathielosigkeit ganz andere Entscheidungsmotive.

Aber um nicht politisch zu werden, möchte ich noch darauf hinweisen, dass jeder diese egoistische Menschen im eigenen Umfeld hat, deren Erwartungen nicht erfüllt werden können, die das eigene Selbst, Tun und Schaffen in den Schatten stellen und Energie absaugen. Es gilt stets sich davor zu schützen und diesen Menschen so wenig Aufmerksamkeit wie möglich zu schenken. Auch wenn das deine Familienmitglieder betrifft, so solltest du einen Mittelweg finden, dein eigenes Glück und Bedürfnisse jedoch nicht hinten anstellen. Es gibt natürlich auch egoistische Eltern, die es vermeintlich gut meinen und mit zu großen Erwartungen, die von einem Kind kaum zu erfüllen sind, die Botschaft vermitteln: „Du bist nicht gut genug." Ein Kind wird darauf programmiert und voraussichtlich als Erwachsener von Minderwertigkeitsgefühlen, geringem Selbstwert und belastenden Gedanken geprägt sein. Im schlimmsten Fall ist das die Ursache psychosomatischer Erkrankungen. Im Unterbewusstsein werden alle Erfahrungen, die wir im Verlauf unseres Lebens sammeln, abgespeichert. Erfahrungen, die das Denken und Handeln beeinflussen, Situationen nach bestimmten Mustern bewerten und abhängig davon Gefühle entstehen lassen. Das Unterbewusste besitzt große Macht und steuert nicht nur unsere Gedanken und Verhalten, sondern auch körperliche Reaktionen. Umso wichtiger ist es, dass dein Unterbewusstsein nicht dauerhaft belastet ist.

Gedanken sind Energie. Egal, welche Ausrichtung sie haben, kosten sie immer Energie und Kraft. Es kommt darauf an, worin man sie investiert. **Positive Gedanken wirken konstruktiv schöpferisch, negative Gedanken wirken destruktiv zerstörerisch.** Regelmäßig sollten die eigenen Gedanken reflektiert und gegebenenfalls korrigiert werden.

Das was heute in der Welt geschieht, geschieht weil die Menschen so programmiert wurden. Ich empfehle dir, deine Glaubenssätze zu überprüfen und herauszufinden was deine dich einschränkenden Programmierungen sind und dich blockiert. Überzeugungen, die dich davon abhalten du selbst zu sein und sich unfrei anfühlen, solltest du neutralisieren. Du kannst dich dafür in die Hände eines erfahrenen Hypnotiseurs oder Psychotherapeuten begeben oder die Dinge selbst in die Hand nehmen und meditieren bzw. Selbsthypnose erlernen. Es ist jedoch nicht ungefährlich im Unterbewusstsein zu forschen, daher solltest du genau abwägen, wen du zur Hilfe nimmst.

13. Tu es – Lass es!

Es gibt Dinge, die sich positiv auf deine Gesundheit auswirken und die du häufig tun solltest. Genauso gibt es den Gegenpol dieser Dinge, die du möglichst meiden und aus dem Leben verbannen solltest. Die wichtigsten Punkte habe ich dir zusammengefasst. Entscheidend sind, wie Anfangs bereits erwähnt, **die Dinge, die du tust, in der bestmöglichen Qualität zu tun.**

Tu es!

Frische Luft
im Wald, an der See und lieber im Garten als in der Wohnung sitzen, Abendspaziergang im Park, Wandern, deine Wohnung/Haus gut lüften

Hohe Wasserqualität
Hauswasserversorgung auf Schadstoffe testen lassen, aus Glasflaschen trinken, auf die Zusammensetzung achten, Wasseranbieter regelmäßig wechseln, kein Fluorid (F)

Nahrungsmittel
Getreide, Kartoffeln, Gemüse, Obst in Bio- oder besser in Demeterqualität, naturbelassen, regional, fairer Handel, nachhaltig, umweltschonend

Bewegung
was Spaß macht, was schmerzfrei und gelenkschonend ist, saubere Ausführung beachten, Training für Ausdauer, Kraft, Koordination, Herz und Kreislauf

Schlaf

Ruhe, gut gelüftet, gemütliche Atmosphäre, gemütliches Bett - am besten ein Holzbett, dunkel, ca. 18 °C

Entspannung

sich Zeit nehmen, Gemütlichkeit, Meditation, auch einmal nein sagen, Yoga, Zeit in der Natur verbringen, Bewegung, eine Tasse Bio-Tee, kurzes Sonnenbad, Sauna

Menschen

Zeit mit denen verbringen, die dich inspirieren, bei denen du dich wohl fühlst, die dich zum Lachen bringen, dich akzeptieren, dir auch einmal zuhören, dein Leben bereichern

Kraftgebende Quellen ausschöpfen

Lachen, Sport, Entspannung, Reiki, Yoga, Meditieren, positive Gedanken, Zeit an schönen Orten verbringen, Zeit bei angenehmen Tieren oder Pflanzen verbringen und diese beobachten, Lebensaufgabe (suchen), etwas Sinnhaftes tun, ehrenamtlich helfen, Spaziergang am Strand oder in einem schönen Park, Flowzustand, Hobby, Urlaub, ein lehrreiches positives Buch, ein lustiges Buch, Kinder, eigener Garten, Erfolgserlebnisse, gebraucht werden, wertvolle soziale Kontakte

Lass es!

Schlechte Luft

Feierabendverkehr, Hausstaub, Baustaub, Großstadtluft, miefiger Keller (Schimmelsporen, Radon)

Schlechte Wasserqualität

Wasser aus Plastikflaschen, alte Rohrleitungen, durch Pestizide und andere Gifte belastetes Wasser, Fluorid

Nahrungsmittel

Wurstwaren, Fertiggerichte, Konserven, viel Alkohol, raffiniertes Salz, raffinierter Zucker, chemische Konservierungsmittel, Pökelsalz, Kasseler, stark verarbeitete Nahrungsmittel wie Schmelzkäse, H-Milch, Kondensmilch, Soja, Nahrungsergänzungsmittel, Innereien, alle Produkte aus nicht artgerechter Tierhaltung und unmenschlichen Arbeitsbedingungen, Nahrungsmittel, bei deren Herstellung die Zerstörung des Regenwaldes in Kauf genommen wird (z.B. Palmfett), diverse Muscheltiere die Schwermetalle einlagern

Bewegung

dauerhaft einseitige Bewegung und Belastung, permanent stehen, Bewegungsmangel, unsaubere Ausführung der Bewegungen, dauerhaft nicht artgerechte Bewegung

Schlaf

schlafstörende Faktoren, wie Elektrogeräte, WLAN, Schnurlostelefone, Mobiltelefon/Smartphone, Lärm, Geräusche, Infraschall, Metalle wie Metallbett, Magnetmattratzen, Federkernmattratzen, Sendestationen, Stromkreislauf, Lichteinfall, Vibrationen, stickige Luft, zu warm, zu kalt

Stress

Zeitdruck, Mobbing, Mehrarbeit, Nachtschicht, Multitasking, ja sagen, es allen recht machen, ständiger Lärm, dauerhafte unnatürliche Reize auf allen möglichen Sinnesorganen

Menschen

die dir Angst machen, negativ eingestellt sind, dich langweilen, dir unangenehm sind, dich bedrängen, dich einengen, dir Kraft rauben, dir unsympathisch sind

Kraftraubende Quellen

kraftzehrende Menschen, schlechte Qualität, Stress, unnatürliche Strahlung, Magnetfelder und Elektrosmog, Sinnlosigkeit, keine Aufgabe haben, langes Stehen oder Sitzen, lang TV schauen, lange am PC sitzen, Konsolenspiele, Schlafmangel und schlechte Schlafqualität, lange anhaltende Trauer, schlechte Laune, Naturmangel, viele Partys, Rauschmittel, Smartphone

Chemikalien

in Kosmetik, Medikamenten, Schmerzmitteln, Aufputschmitteln, Beruhigungsmitteln, Abführmitteln, Lippenstiften auf Erdölbasis

14. Zeitmanagement und Rollenverteilung

Vielleicht denkst du dir jetzt: die empfohlenen Maßnahmen in diesem Buch sind ja schön und gut, aber ich habe gar nicht die Zeit diese alle umzusetzen. Für dieses Problem habe ich auch eine Lösung: Überprüfe und korrigiere dein Zeitmanagement. Sehr vielen Menschen geht, ohne dass es ihnen bewusst ist, jeden Tag wertvolle Zeit verloren, weil der Tag ungünstig aufgeteilt ist. Um diese Zeitverluste sichtbar zu machen, solltest du während eines Zeitraums von etwa zwei Wochen über jede Tätigkeit des Tages und der Nacht Buch führen und diese gegebenenfalls in ein Diagramm oder eine Tabelle eintragen.

Ein Beispiel für ein **ungünstiges Zeitmanagement** an einem Arbeitstag in Vollzeit, beginnend mit dem Aufstehen:

1 Std.	Frühstück und Vorbereitung für die Arbeit
½ Std.	Arbeitsweg
9 Std.	auf der Arbeit inkl. Pausen
½ Std.	Heimweg
½ Std.	Einkaufen
1 Std.	Hausarbeit
1 Std.	Hausaufgaben mit den Kindern
½ Std.	Abendessen vorbereiten
½ Std.	Abendessen
½ Std.	mit Kindern Spielen, zu Bett bringen
3 Std.	**Fernsehen**
6 Std.	**Schlafen**

= 24 Stunden

Ein Beispiel für ein **gesundes Zeitmanagement** bei Teilzeitbeschäftigung:

1½ Std.	Frühstück und Vorbereitung für die Arbeit
½ Std.	Arbeitsweg
6 Std.	auf der Arbeit
½ Std.	Heimweg
½ Std.	Einkaufen
1 Std.	**Meditation, Yoga, Hobby, Entspannung, Sport**
½ Std.	Hausarbeit
1 Std.	Hausaufgaben mit den Kindern
½ Std.	Abendessen vorbereiten
½ Std.	Abendessen
1½ Std.	mit Kindern Spielen, zu Bett bringen
½ Std.	**Fernsehen**
½ Std.	**Abendspaziergang oder gutes Buch lesen**
8 Std.	**Schlafen**

= 24 Stunden

Ein Beispiel für ein **einigermaßen gesundes Zeitmanagement** bei Vollzeitbeschäftigung:

1 Std.	Frühstück und Vorbereitung für die Arbeit
½ Std.	Arbeitsweg
9 Std.	auf der Arbeit
½ Std.	Heimweg
0 Std.	Einkaufen (besser: 1x Wocheneinkauf)
1 Std.	**Meditation, Yoga, Hobby, Entspannung, Sport, Freunde treffen**

0 Std.	Hausarbeit (besser: 1x am Wochenende)
1 Std.	Hausaufgaben mit den Kindern
½ Std.	Abendessen vorbereiten
½ Std.	Abendessen
1 Std.	mit Kindern Spielen, zu Bett bringen
0 Std.	**Fernsehen**
1 Std.	**Abendspaziergang oder gutes Buch lesen**
8 Std.	**Schlafen**

= 24 Stunden

Du siehst also, dass der Aufbau und Erhalt eines gesunden Zeitmanagements bei einer Vollzeitbeschäftigung mit Kindern dauerhaft kaum möglich ist, es sei denn, du hast einen Lebenspartner, der dich unterstützt und auf den du dich verlassen kannst. Oder du bist kinderloser Single, dann hast du jeden Tag mehr Zeit für dich oder den Beruf zur Verfügung. Die größten Zeiteinsparungen ergeben sich in diesem Fall durch eine gute Organisation des Einkaufs und den Verzicht auf Fernsehen. Ebenso hilft eine Aufteilung der Aufgaben im Haushalt und der Kinderbetreuung in Abstimmung mit dem Partner. Arbeit und Schlaf sind feste Größen, die kaum veränderbar sind. Aufgaben wie Einkaufen und Haushalt sollte man komprimieren und auf einen Tag begrenzen. Dadurch erhältst du jeden Tag wenigstens etwas mehr Zeit für dich um Kraft zu tanken. Wie du in den vorherigen Kapiteln erfahren hast, solltest du langfristig betrachtet jeden Tag auch etwas für dich tun, eine Kraftquelle auf dich wirken lassen, um dich gesund zu halten. Diese eine Stunde ist langfristig für deine Gesundheit enorm wichtig. Du kannst nicht nur für andere da sein und erwarten, der damit einhergehende Energieverlust gleiche sich schon irgendwie aus. So funktioniert das nicht!

Für eine alleinerziehende Mutter in Vollzeitbeschäftigung ist es kaum realisierbar, sich selbst Zeit für Kraftquellen zu schaffen, ohne die Kinder oder den Haushalt zu vernachlässigen. Darum würde ich ihr, auch wenn sie finanziell dadurch Einbußen hat, eine Zwanzig- oder Dreißigstundenstelle empfehlen - nicht nur aus gesundheitlichen Aspekten, sondern auch zum Wohle der Kinder.

Nachteile eines ungesunden Zeitmanagements:
Stress, Unzufriedenheit, das ständige Gefühl keine Zeit zu haben, weitere Konsequenzen wie schlechte Ernährung, schlechter Schlaf, mangelnde Konzentration, innere Unruhe, Dinge nicht abschließen können

Vorteile eines gesunden Zeitmanagements:
Stressreduktion, inneres Gleichgewicht und Ruhe, mehr freie Zeit, Harmonie → täglich ein bis zwei Stunden mehr Lebenszeit, die du für dich und deine Familie nutzen kannst. Du senkst den Stress und steigerst deine Gesundheit.

Ein positives Beispiel für gutes Zeitmanagement: die schwedische Gesellschaft.
Das subjektive Gefühl Dinge nicht zu schaffen oder nicht fertig zu werden, rührt aus einer Überforderung, die sich aus den Faktoren Zeitmangel und Überbelastung ergibt. Die Menschen in Deutschland versuchen jedoch den Tagesablauf von zwei Tagen in einen Tag zu pressen, um sich selbst oder externen Anforderungen gerecht zu werden. Das Problem ist, dass dies eine Kette von weiteren überfordernden Aufgaben auslöst. Die deutsche Gesellschaft ist geprägt von Stress und Unruhe, was sich auf alle Gesellschaftsbereiche über-

trägt. Das Gefühl niemals fertig zu werden, macht unzufrieden, unglücklich und lässt uns fremdbestimmt fühlen. Niemand sollte gezwungen sein mehr zu schaffen, als realistisch möglich ist.

Ein Beispiel für positives Zeitmanagement sind die Schweden. Das beginnt im Straßenverkehr durch staatliche Geschwindigkeitsbegrenzungen. Diese Begrenzung lässt es nur zu in einer bestimmten Zeit einen bestimmten Weg zurückzulegen. Auch Warten ist in Schweden kein Problem: im Supermarkt an der Kasse entsteht kein Gefühl der Unruhe oder des Stresses, wenn es mal länger dauert. Im Gegenteil: Kassierer nehmen sich Zeit, auch gern mal für ein Gespräch mit den Kunden. Dieser Umgang mit Zeit erzeugt auch das Gefühl Zeit zu haben und überträgt sich in alle möglichen Bereiche des Alltags.

Hierzu ein wertvoller Hinweis zur Entwicklung in unserer Gesellschaft:

14.1 Die Gleichberechtigung der Frau.

In der Geschichte des Menschen war es über 100.000 Jahre so, dass in den Familien der Mann der Jäger, Beschützer, Krieger und das Oberhaupt war. Die Frau war für die Herstellung von Kleidung, Werkzeugen, Gebrauchsgegenständen, für das Hüten des Feuers und des Heims sowie die „Ausbildung", Erziehung im heutigen Sinne gab es nicht, aller kleinen Kinder und der älteren Mädchen verantwortlich. Die Jungen wurden später von den Männern weiter zu Männern ausgebildet. Die Familie gehörte ihrer Sippe an und die Sippen bildeten die Stämme.

Vor circa eintausend Jahren in Mitteldeutschland lebten die Familien der Landbevölkerung überwiegend in mehreren Generationen auf Bauernhöfen als Selbstversorger. Einige Männer, die sich auf einen Beruf spezialisiert hatten, verdienten damit Geld oder tauschten ihre Leistung gegen Lebensmittel und andere Waren. Die Frau blieb in ihrer Rolle entsprechend zu Hause.

Bis vor einigen Jahren war es ganz normal, dass der Mann seine Familie mit seinem Einkommen versorgen und die Frau sich um die Kinder und das Heim kümmern konnte. Jetzt denkt die eine oder andere Frau sicherlich, ich bin so ein Emanzipationsgegner. Damit hat sie sogar Recht. Denn betrachten wir einmal das Wort „Emanzipation" genauer, stellen wir fest, dass es nichts mit der Rolle der Frauen an sich zu tun hat. Vielmehr beschreibt es einen Ablösungsprozess bei jungen Menschen von ihren Eltern, der auch im Tierreich bei einigen intelligenten Arten beobachtet werden kann. Fälschlicher Weise wurde dieser natürliche Entwicklungsprozess pubertierender Jugendliche auf die Frauen übertragen. Entstanden ist das Ganze aus dem langandauernden Missstand der Versklavung und Unterdrückung der Frau. „Emanzipation" der Frau ist eine Entwicklung, die eigentlich „Gleichberechtigung" der Frau heißen müsste, was ich selbstverständlich voll befürworte.

Jedenfalls hat die ungleiche Steigerung von Gehalt und Lebenshaltungskosten dazu geführt, dass der Verdienst des Mannes irgendwann nicht mehr ausreichte, um die Familie zufriedenstellend zu versorgen. Um den gewohnten Lebensstandard zu halten, gingen auch die Frauen vermehrt einer beruflichen Tätigkeit nach. Die Frau als Arbeiterin wurde in großer Zahl erstmals in der Rüstungsindustrie für den Ersten Weltkrieg eingesetzt, da viele Millionen Männer entweder an der Front, invalide oder tot waren.

Hinzu kommt die damit einhergehende Neuprogrammierung der Frau. Es wurde ihr eingeredet, genau wie ein Mann Karriere machen zu müssen und Unabhängigkeit von ihm durch finanzielle Freiheit zu erlangen. Das ist leider ein Denkfehler auf den viele Frauen hereingefallen sind. Aus der Evolution und durch die Wissenschaft wissen wir, dass Mann und Frau unterschiedliche körperliche und geistige Qualitäten besitzen. Das ist auch völlig in Ordnung, denn durch diesen Unterschied konnten sie sich **erfolgreich** ergänzen. Eine Aufgabenteilung war notwendig um als Gruppe, Familie oder ganze Spezies zu überleben. Die intelligentesten Arten bilden Familien, in denen jedes Geschlecht seine spezifischen Aufgaben hat. Alle Walarten, vor allem die Delphine, die großen Menschenaffen, aber auch die Löwen und Wölfe sind hier zu nennen.

Frauen wie Männer hatten ihren Fähigkeiten entsprechend wichtige Aufgaben. Wären die Frauen auf die Jagd nach Mammuts gegangen, wäre ihr Jagderfolg allein aufgrund ihrer körperlichen Beschaffenheit geringer ausgefallen. Hätten Männer die Kinder erzogen, wären die Menschen heute emotional nicht so weit entwickelt und vielleicht aufgrund des kriegerischen Denkens gesellschaftlich in der Steinzeit hängen geblieben.

Stell dir einmal vor, Männer würden es den Frauen gleich tun. Sie würden verlangen vermehrt die Rolle der Frau einzunehmen. Sie verlangen per Gesetz eine Quote, dass 50 % der typischen Frauenberufe von Männern besetzt werden müssen. Das würde bedeuten 50% der Frisöre, Krankenschwestern, Hebammen, Lehrer, Erzieher,

Schneider oder der Angestellten in der öffentlichen Verwaltung wären Männer. Es gäbe plötzlich viele tausend arbeitslose Frauen, die ihren Platz räumen müssten. Die Baubranche, die bereits seit einigen Jahren einen großen Mangel an qualifizierten Personal beklagt, würde zusammenbrechen. Ich bin mir auch nicht sicher, ob Frauen die körperlich sehr harte Arbeit der Metall- und Bauindustrie durchhalten würden und ebenso wünschenswert fänden.

Feministinnen haben es mit ihren Quoten auf die Chefpositionen der Wirtschaftsunternehmen, DAX-Unternehmen, Universitäten und Parlamente abgesehen. Warum aber kämpfen sie nicht für eine Quote in der Baubranche, in der Stahlindustrie oder in der Bergbaubranche? Einfach gesagt eine 50% Quote für alle Berufe. Das wäre tatsächlich gerecht. Somit sind ihre Forderungen, versteckt hinter dem Deckwort Emanzipation, unlogisch und erwecken den Anschein, dass sie sich nur die Rosinen rauspicken wollen. Außerdem ist den Damen Schwarzer, AKK, VDL und Co. bewusst, dass die meisten Frauen den körperlichen Anforderungen der klassischen Männerberufe nicht gewachsen sind. Sie können oder wollen es aber nicht zugeben, vielleicht aus Scham oder einem falschen Gerechtigkeitsverständnis. Mir ist wichtig, nicht falsch verstanden zu werden. Ich fühle mich weder benachteiligt, noch möchte ich Frauen kränken oder in eine Schublade stecken. Mein Ziel ist es den Frauen zu helfen ihrer archetypischen Rolle wieder näher zu kommen, wodurch sie ihrer Seeleneigenschaft entsprechen und in Harmonie leben können. Frauen könnten ihr Leben viel mehr genießen, wenn sie ihre Rolle erkennen und akzeptieren. Dann wären sie dankbar, dass sie Kinder bekommen und in dieser Zeit freigestellt von der Arbeit die intensive Zeit mit ihrem Kind genießen dürfen. Anstatt sich wie ihr Mann auf dem Bau Tag für Tag abzurackern, giftige Stäube einzuatmen und sich stets in Gefahr durch tödliche Arbeitsunfälle zu befinden. Die Geschlechterquote birgt einige Ungerechtigkeiten, da sie sich in erster Linie auf hochrangige Posten bezieht. Die angestrebte Gleichstellung von Frau und Mann widerspricht gewissermaßen dem Grundrecht der Chancengleichheit. In einigen Fällen bekommt eben nicht die fachlich und persönlich besser geeignete Person die Position, sondern diejenige, die der Quote gerecht wird. Ich unterstelle, dass das sowohl Qualitätsverlust, als auch Fehlentscheidungen mit sich bringt. Das würde natürlich gleichermaßen Männer betreffen, wenn diese sich per Quote in typische Frauenberufe einklagen. Männer und Frauen entscheiden nach unterschiedlichen Mustern, die sich gegenseitig ergänzen. Aus diesem Grund haben sich diese typischen Rollenmuster als auch Berufszweige herauskristallisiert. Ein jahrelang funktionierendes System, dass nun durch eine falsch programmierte Bewegung auf den Kopf gestellt wird.

Mit der Angleichung der Löhne entstand ein weiteres Dilemma, das ich schon häufiger im Bekanntenkreis beobachtet habe: Mütter möchten sich grundsätzlich nach dem Ablauf der Elternzeit weiterhin intensiv um ihre Kinder kümmern, sind aber häufig gezwungen wieder Vollzeit in ihren Beruf einzusteigen, da das Gehalt des Mannes nicht ausreicht um die ganze Familie zu versorgen. Für das Wohl der Familie und die Gesundheit aller Familienmitglieder ist das nicht zuträglich. Es gibt mittlerweile verschiedene Erwerbsmodelle, jedoch entscheidet meistens das Gehalt darüber, wieviel Zeit mit der Familie verbracht werden kann.

Für mich ist das eine unglückliche Veränderung eines funktionierenden Systems, die keinerlei Verbesserung mit sich bringt. Etwas zu verändern macht nur Sinn, wenn sich dadurch auch etwas verbessert. Wenn ich mich auf meine Beobachtungen berufe, dann stelle ich fest, dass auch viele Damen diesen Umstand zwar akzeptieren, aber bedauern.

15. Gesundheitsverstärker

In meinem Leben, vor allem in den letzten zehn Jahren, sind mir einige Dinge aufgefallen, die die Gesundheit zusätzlich negativ beeinflussen bzw. bei Berücksichtigung positiv verstärken. Dinge oder auch Gewohnheiten, die als Normalität im Alltag abgetan werden. Diese habe ich zusammengetragen und möchte sie hier aufzählen. Vielleicht betreffen diese Punkte auch dich. Dabei ist es am wichtigsten, auf den eigenen Körper zu achten und Warnsignale zu erkennen und rechtzeitig ernst zu nehmen. Besonders durch den zunehmenden Druck dieser Zeit, durch Arbeit, Familie und ein Übermaß an Reizen die uns Menschen belasten, fällt das oft schwer. Stress und Überforderung sind Nährböden für seelische und körperliche Krankheiten.

Kaffee immer nur frisch.
Kaffee galt eine Zeit lang als ungesund. Neuerdings gilt er durch seine Antioxidantien als krebsvorbeugend und somit gesund. Das verwendete Wasser und der Kaffee selbst sollten von guter Qualität sein. Kaffee sollte stets frisch zubereitet, also nicht älter als 20 Minuten, getrunken werden. Von abgestandenem Kaffee, beispielsweise aus Thermoskannen, ist abzuraten. Kaffee verliert mit der Zeit an Qualität und positiven Eigenschaften und wirkt sich dann negativ auf den Säure-Basenhaushalt des Körpers aus.

Mikrowelle.
Die Mikrowelle wird gern für eine schnelle und unkomplizierte Erwärmung von Speisen verwendet. Leider auch häufig zur Erhitzung von Säuglingsnahrung. Mit dem Wort „Welle" verbindet der

Mensch etwas Harmloses und eher Positives, was sich auf die Benutzung dieses Geräts übertragen hat. Dabei geht nichts Positives von einer Mikrowelle aus. Die Gefahr wird nur verschleiert. Würde das Gerät bspw. „Mikrostrahlenofen" heißen, würden es einige sicher viel weniger gern verwenden oder sich genauer darüber informieren. Strahlen sind Wellen, da sie sich wellenförmig fortbewegen, so auch Röntgenstrahlen, radioaktive Strahlen und Sonnenstrahlen. Zur Funktionsweise von Mikrowellen musst du wissen, dass diese Strahlen beim Durchdringen der Nahrungsmittel die darin enthaltenden Wasserteilchen in Drehung versetzen, wodurch Reibung und daraus Wärmeenergie erzeugt wird. Aus rein dieser Sicht betrachtet, sind Mikrowellen gar nicht schlecht, weil sie in kurzer Zeit dein Essen erhitzen. ABER: Mikrowellen sind Strahlen und von ihrem Charakter her aggressiv, da sie, ähnlich wie Röntgenstrahlung, Erbinformation verändern oder zerstören können. Die erwärmte Nahrung verliert alle positiven Informationen und erhält einen krankhaften Charakter.

Die für Menschen ungesunde Mikrowellenstrahlung wird auf die Wasserteilchen im Nahrungsmittel übertragen. Der Mensch, dessen Körper zum großen Teil aus Wasser besteht, nimmt diese Nahrung zu sind und lagert einige der zum negativen veränderten Wasserteilchen in seinem Gewebe ein.

Beispiele für die Veränderung von Wasser lieferte der japanische Wissenschaftler Dr. Masaru Emoto. Seit Anfang der 1990er Jahre beschäftigte er sich mit Wasser. Durch zahlreiche Experimente gelangte Emoto zu der Auffassung, dass Wasser die Einflüsse von Gedanken und Gefühlen aufnehmen und speichern könne.

Wenn Wasser dazu in der Lage ist den Charakter von Gedanken (materiefreie Energie, die von einem Sender ausgeht) zu speichern, warum sollten sie dann nicht auch den Charakter von Mikrowellenstrahlen (ebenfalls materiefreie Energie die von einem Sender ausgeht) speichern können? Sollte dich dieses Thema interessieren, empfehle ich dir seine Versuche anzusehen.

> **Ein Gedankenexperiment zu Mikrowellen.**
> Würde ein Mensch seinen Kopf 30 Minuten in eine eingeschaltete Mikrowelle halten und bestrahlen lassen, würde die enorme thermische Wirkung dafür sorgen, dass das Blut erhitzt und das Eiweiß gerinnt. Er würde sterben.
> Teilt man diese 30 Minuten auf 365 Tage auf, könnte die thermische Wirkung dem Körper zwar nichts anhaben, jedoch würde die Strahlungsintensität aufgeteilt auf täglich 5 Sekunden sehr wahrscheinlich einen Hirntumor verursachen. Strahlung schädigt bzw. zerstört Zellen und deren Baupläne, sodass krankhaftes Gewebe daraus entstehen kann.

Mobiltelefone/Smartphone.
Mobiltelefone und Smartphones senden und empfangen ihre Daten und Gespräche mit Mikrowellenfrequenzen. Auch wenn diese gerade nicht telefonieren aber trotzdem eingeschaltet sind, senden und empfangen sie Mikrowellen in geringerer Menge, dafür aber oft über den ganzen Tag verteilt. Diese Mikrowellen befinden sich häufig sehr nah an den Fortpflanzungsorganen oder am Herzen der Menschen, da sie ihre Mobiltelefone meist direkt am Körper in der Hosentasche, der Brusttasche oder Handtasche tragen. Das ist vor

allem für Frauen mit Kinderwunsch sehr gefährlich! Im Unterleib, genauer in den Eierstöcken, sind die Eizellen gespeichert. Diese sind bei Geburt bereits vorhanden und tragen die DNA der Frau. Sind die Eizellen ständiger Mikrowellenstrahlung ausgesetzt, können diese den Bauplan den die Eizelle in sich trägt beschädigen. Ein Neugeborenes kann aufgrund falscher oder fehlender Erbinformationen mit einer Missbildung zur Welt kommen. **Darum ist es wichtig Mikrowellen auf Abstand zu den Eizellen zu halten.**
Diese Maßnahme sollte auch für Laptops gelten. Ein Laptop, mit eingeschalteten WLAN auf dem Schoß, ist eine enorme Strahlungsquelle, die sich in nur sehr kurzem Abstand zum weiterzugebenden Erbgut befindet.

Ich verweise an dieser Stelle auf die interessanten Studien von Prof. Dr. Henry Lai (Universität Seattle) und Prof. Franz Adlkofer (Wiener Medizinische Universität). Die beiden Forscher beschäftigten sich in jeweils unabhängigen Studien mit der Entstehung von Krebszellen durch Mobilfunkstrahlung. Von der Industrie bezahlte Fürsprecher leugneten die Ergebnisse, doch die Reflexstudie mit 7 Nationen ergab, dass hochfrequente elektromagnetische Strahlung DNA-Strangbrüche verursachen und damit die Entstehung von Krebs, insbesondere Hirntumore, begünstigen.

Chemtrails.
Vielleicht passt es thematisch nicht an diese Stelle, doch viele Menschen leben in Sorge und ständige Sorge kann verrückt und krank machen. Daher möchte ich auch das kontrovers diskutierte Thema Chemtrails kurz ansprechen. Schon oft habe ich von krank machenden Chemtrails gelesen und sehe sie ja selbst fast jeden Tag am Him-

mel. Kritiker sagen, dass durch die Flugzeuge verschiedenste krank-machende Chemikalien absichtlich versprüht werden. Dazu gibt es einige Verschwörungstheorien, die davon ausgehen, dass die Regierungen oder eine dahinter stehende geheime Weltregierung das Versprühen von Chemikalien in Auftrag gibt, um die Bevölkerung langfristig und nachhaltig krank zu machen. Der Beweis dafür sollen die Kondensstreifen/Chemtrails sein. Wer hat nun Recht? Ich habe keine Möglichkeit, einem Flugzeug hinterherzufliegen und eine Probe vom Kondensstreifen zu nehmen um etwas Auffälliges nachzuweisen. Trotzdem interessiert mich, ob wir Menschen wirklich wie ein zu düngendes Feld überflogen und besprüht werden.

Mir fiel des Öfteren auf, dass es Tage gibt, an denen gar keine Streifen zu sehen sind, obwohl Flugzeuge wie ganz gewöhnlich fliegen. Ist denen etwa das Sprühmittel ausgegangen oder hat es etwas mit dem Wetter zu tun?

Im Internet gibt es Seiten wie flightradar24.com, auf denen du den Flugverkehr in Echtzeit sehen kannst. Dort siehst du unter anderem Passagier- und Transportflugzeuge sowie auch Privatjets, angegeben mit Flugzeugtyp, Start und Reiseziel, Flughöhe und Geschwindigkeit. Mir fiel bei der Überprüfung der Flugdaten von Flugzeugen, die über meinem Standort flogen auf, dass die Bildung und Länge des Kondensstreifens von dem Wetter auf der jeweiligen Flughöhe abhängig war. Also von der Luftfeuchtigkeit, der Temperatur und dem Luftdruck und eventuell andere Faktoren für die ich keine Messgeräte habe. **Das Wetter und die Flughöhe am jeweiligen Standort gibt vor, ob ein Kondensstreifen entsteht, welche länge er hat und wie lange es dauert bis er wieder verschwunden ist.** Zum Beispiel bildete sich an einigen Tagen in der Höhe von 24.000 Fuß bis 37.000 Fuß ein langer Kondensstreifen, der sich nach

60 Sekunden wieder auflöste. Unter 24.000 Fuß gab es keinen und über 37.000 Fuß nur einen kurzen Kondensstreifen der nach 10 Sekunden verschwunden war. An diesem Tag waren kaum Kondensstreifen zu sehen, ganz einfach deshalb, weil sie sich auf Grund ihrer Höhe und des dort herrschenden Wetters sehr schnell wieder auflösten.

Nur einen Tag später war der ganze Himmel gefüllt mit dicken und lange stehenden Kondensstreifen. Das Wetter war im Gegensatz zum Vortag etwas wärmer bei höherer Luftfeuchtigkeit, zumindest bei mir in Bodennähe. Für das Wetter in Flugzeughöhe verfüge ich über keine Daten.

Das kann jeder durch eigene Beobachtungen überprüfen. Die Länge und Haltbarkeit der Kondensstreifen unterliegt also den sich ständigen verändernden Wetterlagen, in Abhängigkeit von der Flughöhe.

Ob nun eine Regierung dennoch dem Kerosin Chemikalien beimischt, ist nicht abhängig von der Sichtbarkeit eines Kondensstreifens. Beweisen kann ich es nicht, aber ich frage mich natürlich welchen Mehrwert es für diese geheime Regierung hätte die Bevölkerung, allerdings dabei auch sich selbst, zu vergiften.

Zähne putzen.

Du kennst es bestimmt, dass du morgens nicht so ganz frisch aus dem Mund riechst. Das ist ganz normal und liegt unter anderem an den dort lebenden Mikroorganismen und den Abbaustoffen, die nachts über die Mund- und Rachenschleimhaut ausgeschieden werden. Wenn du morgens vor dem Zähneputzen etwas isst, werden diese Abbaustoffe wieder mit hintergeschluckt und vom Körper resorbiert. Sie müssen von neuem abgebaut werden, was Energie kostet und eine Belastung darstellt. Daher ist es sehr wichtig, dass du morgens nach dem Aufstehen als allererstes Zähne und selbstverständlich auch die Zunge putzt und mit Wasser den Hals gurgelst. Noch bevor du etwas trinkst oder isst, etablierst du das am besten direkt in deine Morgenroutine.

Fluorid.
Ob ein äußerliches Auftragen von synthetischem Fluorid auf die Zähne die versprochene positive Wirkung hat, ist nicht bewiesen. Viele Zahnärzte verwenden für sich selbst fluoridfreie Zahnpasta. Sie sagen, eine gesunde und dafür zuckerarme Ernährung mache Fluoridierung überflüssig. Fluorid wird in der Industrie u.a. in der Metallgewinnung eingesetzt, um bei niedrigen Brenntemperaturen Schlacke herauszulösen. Belegt ist, dass Fluorid schon in minimalen Mengen giftig und tödlich ist. Doch auch die jahrelange Zufuhr in geringer Dosis stellt eine Dauerbelastung dar, die der Körper abbauen muss, was ihn wiederum Energie kostet.

Lüften statt sparen.
Frische Luft ist gesund! Um Heizkosten zu sparen, lüften einige Menschen in den Heizmonaten weniger. Permanenter Sauerstoffmangel wirkt karzinogen, da Feinstaub (auch Hausstaub) und Stickoxide sich in einer sauerstoffarmen Luft anreichern. Wir nehmen diese Stoffe über unsere Atemluft auf und belasten unseren Körper. Dabei ist gar nicht nur der Sauerstoffmangel das Problem, sondern der CO_2-Überschuss. Je mehr CO_2 wir einatmen, desto mehr gerät unser Organismus in Stress. Insbesondere für den nächtlichen Schlaf ist die konstante Sauerstoffzufuhr wichtig. Eine optimale Sauerstoffversorgung ist für die Zellregeneration wichtig. Heutzutage halten sich die Menschen zu 90% des Tages in geschlossenen Räumen auf. Wird hier nicht ausreichend gelüftet, übersteigt der CO_2-

Anteil schnell den des Sauerstoffs. Müdigkeit und Abgeschlagenheit sind das Resultat. Krankmachende Keime können sich schneller ausbreiten und die Staubbelastung ist in Gebäuden um ein Vielfaches höher als draußen. Durch Lüften wird ein Teil des Staubes hinaustransportiert.

Weniger Kosmetik.
Kosmetik, die auf die Haut oder das Haar aufgetragen wird, kann in den Körper eindringen und stellt eine Belastung dar. Die Chemikalien müssen abgebaut werden, was Energie kostet. Langfristig können durch die Aufnahme bestimmter Chemikalien Allergien oder Krankheiten entstehen. Auch Parfum darf aus diesem Grund nicht direkt auf die Haut aufgetragen werden. Kosmetik belastet nicht nur den Körper, sondern auch unsere Umwelt. In modernen Kosmetikprodukten werden schwer abbaubare Kunststoffe in flüssiger und fester Form verarbeitet, wovon ein Teil in unsere Gewässer gelangt (Stichwort Mikroplastik) aber auch im menschlichen Organismus aufgenommen wird. Es gibt bereits Untersuchungen, in denen Plastikteilchen im menschlichen Stuhl und im Blut nachgewiesen wurden. Dadurch wird die Entstehung von Entzündungen und Allergien begünstigt. Plastik im Körper wirkt wie ein Gift in unseren Adern und fördert Krebserkrankungen, Fettleibigkeit und Unfruchtbarkeit. Kosmetik sollte wohl überlegt und nur aus zertifizierten und natürlichen Inhaltsstoffen bestehen, denn diese enthalten keine Kunststoffe. Hier gilt: Weniger ist mehr.

Weichspüler reduzieren.
Wusstest du, dass Weichspüler häufig aus Rinderfett und kritischen Duft-, Farb- und Konservierungsstoffen bestehen? Viele Weichspüler stehen in Verdacht krebserregend zu sein. Tierische Fette, die als

Abfallprodukte beim Schlachten anfallen, kommen zum Einsatz, da diese sich wie ein Film um die Fasern legen und diese weich machen. Ganz schön eklig, oder? Weichspüler und Waschmittel, die in den Textilien nach dem Waschen zurückbleiben, können beim Schwitzen über die Haut in den Körper aufgenommen werden, wo sie wieder angebaut werden müssen. Reduzierst du die Zugabe an Weichspüler, senkst du die mögliche Belastung, die auf deinen Körper wirkt. Weichspüler verklebt außerdem die Fasern und lässt Wäsche schneller stinken, da Bakterien einen guten Nährboden finden. Es ergibt sich ein Teufelskreis, denn die mit Weichspüler angereicherte Wäsche lässt sich nun schwerer reinigen und benötigt mehr Waschmittel, da sich der Weichspüler wie ein Schutzfilm um die Fasern legt.

Deo und Nahrung ohne Aluminium.
Aluminium wird mit Brustkrebs und der Entstehung bzw. der Begünstigung des Verlaufs von Alzheimer in Verbindung gebracht. Auf Grundlage der neuesten Forschungsergebnisse hat die Industrie bereits reagiert und begonnen, Aluminium aus Deos zu verbannen. Aluminium sollte auch nicht mit Nahrungsmitteln, vor allem mit säurehaltigen, in Berührung kommen, da sich Bestandteile herauslösen und über den Verdauungstrakt in den Körper aufgenommen und eingelagert werden können. Aluminium wirkt giftig auf embryonale Zellen, da es in der Lage ist die Blut-Hirn-Schranke zu überwinden. Diese Schranke ist normalerweise sehr dicht und schützt das Gehirn vor giftigen Stoffen. Bei Alzheimer-Patienten werden jedoch häufig hohe Aluminiumkonzentrationen im Gehirn nachgewiesen. Die Gefahr geht nicht von dem Metall an sich aus, sondern

von der gelösten Form, die in Kosmetikprodukten und Verpackungsmaterialien für Nahrungsmittel Verwendung findet. Aluminium bindet sich an die Zellen und macht diese krank.

Auswurf und Schleim.

Eine Krankenschwester sagte mir einmal, Hustenauswurf könne man hinunterschlucken, da die Viren und Keime von der Magensäure abgetötet werden. Das mag sein, aber alle Ausscheidungen, Auswürfe und Schleime, vor allem die, die in Verbindung mit Krankheiten stehen, sollten den Körper verlassen. Eine Wiederzufuhr stellt eine unnötige Belastung dar. Nicht ohne Grund will der Körper die Ausscheidungen loswerden.

Matratzen.

Matratzen wurden eine Zeit lang mit flammhemmenden Chemikalien versetzt. Diese werden an die Luft abgegeben, gelangen über die Atmung in den Körper und stehen im Verdacht, Krebs auszulösen. Kaufe im Zweifelsfall eine neue Matratze mit vertrauenswürdigem Ökosiegel oder besser aus Naturmaterialien, z.B. Kokos- und Rosshaarmatratzen. Naturmatratzen haben außerdem den Vorteil, dass sie sich nicht statisch aufladen. Bitte beachte auch bei Bettwäsche Naturmaterialien zu verwenden.

Wähle Möbel, Ledercouch, Farben, Bespannung, Baumaterialien, Böden, Dämmstoffe, Tapeten und Putze in einer guten Qualität. Diese geben nämlich, falls sie giftig sind, dieses Gift direkt an die Raumluft und somit an den Menschen ab. Als ein Beispiel ist hier Formaldehyd zu nennen. Formaldehyd wird seit langer Zeit als Konservierungsmittel oder Bestandteil von Klebstoffen verwendet. Tierversuche haben eine krebserzeugende Wirkung bei hoher Konzentration nachgewiesen. Dennoch sollte unbedingt auch eine geringe Konzentration des Giftes gemieden werden. Formaldehyd nimmst du durch einen stechenden Geruch wahr. Produkte, die mit dem Siegel „Blauer Engel" versehen sind, weisen deutlich geringere Risiken auf als vergleichbare Produkte.

Spielzeug.
Leider findest du in Spielzeugen sehr oft giftige Substanzen in Farben oder Weichmachern, u.a. um die Kosten zu minimieren. In Deutschland sind viele dieser Stoffe schon länger verboten. Doch durch die Verlagerung der Spielzeugproduktion nach Asien und mangelnde Kontrollen gelangt immer wieder giftiges Spielzeug zu uns und unsere Kinder kommen damit in Kontakt und nehmen diese Gifte über den Mund und die Haut auf. Gerade kleine Kinder erkunden ihre Umwelt mit dem Mund, wodurch giftige Stoffe schnell und ungehindert in den Körper gelangen. Kaufe Spielzeug am besten mit dem Siegel „Made in Germany", da hier nur unter strengen Kriterien produziert und verkauft werden darf.

Besondere Vorsicht gilt bei folgenden Spielzeugen:

- **Gummitiere und Schwimmreifen** (Verwendung von Weichmachern, die Leber, Nieren und Hoden schädigen)

- **Plastikpuppen** (Phthalate sind krebsauslösend und beeinflussen den Hormonhaushalt eines Kindes massiv)

- **Luftballons** (Nitrosamine entstehen bei der Herstellung von Gummi und sind stark krebsauslösend),

- **lackierte Holzspielzeuge** (polyzyklische aromatische Kohlenwasserstoffe (PAK), Formaldehyd oder

Nickel schädigen das Erbgut, die Fortpflanzungsfähigkeit und verursachen Krebs) und

- **Spielzeugautos** (ein hoher Bleianteil kann zu Hirnfunktionsstörungen und Nervenschädigungen führen).

Meine Empfehlung lautet daher für Kinder unbehandeltes Holzspielzeug und Naturmaterialien zu verwenden. Kinder neigen ohnehin dazu sich in großen Mengen Spielzeug zu langweilen bzw. sind sie durch zu viele Formen, Farben und Geräusche schnell überfordert. Überprüfe auch ältere Spielzeuge die nicht mehr auf dem Markt erhältlich sind. Entsorge diese im Zweifelsfall.

Haushaltsreiniger.
Mit sehr aggressiven Haushaltsreinigern die Wohnung zu desinfizieren, ist nicht zu empfehlen. Sie töten alle Mikroorganismen, auch jene, die wir für ein gesundes Mikroklima benötigen. Zudem haben es gesundheitsschädliche Keime auf gereinigten Oberflächen leichter, sich zu vermehren, da sie keine Gegner vorfinden, die das Territorium verteidigen. So können sie sich ungehindert ausbreiten. Dieses Problem kennt man auch aus Krankenhäusern, wo man gegenüber den multiresistenten Keimen nicht Herr der Lage wird, obwohl hier mit professionellen Mitteln vorgegangen wird.

Textilien.
Textilien liegen direkt auf unserer Haut auf. Dabei können, vor allem, wenn wir schwitzen, giftige Stoffe über die Haut in unseren Körper gelangen und dort Schaden anrichten.

Oft werden in der Herstellung und zum Färben von Textilien Chemikalien eingesetzt, die nachweislich gesundheitsschädlich, allergie- und krebsauslösend sind.

Eine Alternative sind in Deutschland produzierte Biotextilien. Es gibt einige junge Modelabels, die sich auf Biotextilien spezialisiert haben und regelmäßig tolle Kollektionen herausbringen.

Beim Gerben von Leder kann, wenn dieser Arbeitsschritt nicht unter Luftabschluss durchgeführt wird, Chrom 6 entstehen. Chrom 6 ist ebenfalls krebserregend. Da du mit bloßem Auge am Leder nicht erkennst, ob es diese Belastung enthält, solltest du vorsichtshalber Hautkontakt vermeiden. In Deutschland gegerbtes Leder unterliegt strengen Auflagen, sodass hier mit keiner Belastung zu rechnen ist.

Auf Nummer sicher gehst du mit Bio-Leder. Ein Indiz für ungesunde Textilien sind unangenehme, teilweise stark beißende Gerüche. Diesen Gestank kannst du sehr häufig in einigen Billigtextilgeschäften wahrnehmen, der dort wie eine Wand im Raum steht. Kaufe auf keinen Fall Textilien, die unangenehm riechen. Wasche neu gekaufte Kleidung zweimal vor dem ersten Tragen und bevorzuge Bioqualität.

Für Säuglinge und Kinder gibt es bereits eine große Auswahl an Kleidung aus Bio-Baumwolle

Nahrungsergänzungsmittel.

Ein schwieriges Thema sind die Nahrungsergänzungsmittel. Die einen schwören darauf und andere finden sie nutzlos. Ich selber kann das weder beweisen noch widerlegen. Mein Gefühl und Wissen sagen mir allerdings: Wenn ich mich gesund nach meinen Bedürfnissen ernähre, brauche ich so etwas nicht. Ich selbst habe so etwas noch niemals eingenommen und leide an keinen Mangelerscheinungen, trotz vegetarischer und teilweise veganer Ernährung. Die Überprüfung mit der Regel „natürlich ist gesünder als normal", deutet darauf hin, dass die Einnahme künstlich angereicherter Nahrungsergänzungsmittel nicht gesünder ist.

Einflussnehmende Störquellen reduzieren.

Die folgende Liste zeigt Störquellen, wie sie in fast jedem Haushalt zu finden sind. Vermeidung bzw. Entfernung dieser Störquellen kann deine Gesundheit positiv beeinflussen.

I. Visuelle Störquellen

- Energiesparlampen, Leuchtstoffröhren, LED's (Licht in diesen Spektren fördert Depressionserkrankungen)
- Streifenmustertapete bzw. extrem farbige Tapeten und Wandfarben (extrem auffällige Wandmuster- und Farben wirken auf Dauer stressauslösend)

II. Auditive Störquellen

- tickende Uhren
- Lüfter und Ventilatoren
- summende Elektrogeräte

III. Olfaktorische Störquellen (Geruch)

- automatische Lufterfrischer
- formaldehydbelastete Möbel und Textilien
- lösemittelhaltige Wandfarben und Bodenbeläge

IV. Energetische Störquellen

- Mikrowelle
- DECT-Schnurlostelefone

15. Gesundheitsverstärker

- WLAN-Router
- Bluetooth-Geräte (Fernseher, Computer, Mobilfunktelefone, Lautsprecherboxen)
- Stromleitungen, Steckdosen, Netzteile

16. Mein Nichtraucherprogramm

Dieses Programm habe ich als ehemals starker Raucher selbst entwickelt und bin dadurch seit März 2008 vollständiger Nichtraucher ohne einen einzigen Rückfall. Ich war wirklich ein hoffnungsloser Fall, der zwei bis drei Schachteln täglich verqualmte. Dementsprechend groß waren meine Sucht und die Gewöhnung daran, weshalb meine zahlreichen Aufhörversuche immer wieder scheiterten. Die allermeisten Klienten, die dieses Programm angewendet haben, konnten es mit Erfolg umsetzen und sind heute glückliche Nichtraucher.

Mein Nichtraucherprogramm basiert zum einem auf mentaler Stärke. Bei diesem wichtigen Vorhaben steigern innere Stärke und Ausgeglichenheit die Wahrscheinlichkeit auf Erfolg und dass das Nichtrauchen dauerhaft durchgehalten wird. Der zweite entscheidende Punkt sind eine clevere Taktik und ein realisierbarer Plan. Taktik und Plan haben schon so manchen Unterlegenen einen Vorteil gegenüber einem „übermächtigen Gegner" verschafft. Vielen Rauchern fällt es schwer sich eine clevere Taktik und einen durchdachten Plan zu entwickeln, da sie nicht wissen wie essentiell wichtig das für den Erfolg ist.

Der dritte Punkt und Voraussetzung für eine erfolgreiche Rauchentwöhnung ist, dass der eigene Wille besteht, aufzuhören. Damit meine ich, dass du aus Gründen der Vernunft oder aus Sorge um deine Gesundheit dieses Laster ablegen willst, die Sucht deine bisherigen Versuche aber jedes Mal hat scheitern lassen. Wer nur aufhören will, weil der Partner oder die Oma es gerne so hätte, hat geringere Chancen, es dauerhaft durchzuhalten.

Das gleiche Problem besteht auch, wenn jemand gerne raucht. Etwas, was ich total gerne tue und worüber ich mich identifiziere, kann ich schwerer aufgeben. Warum sollte ich auch? Diesen Menschen empfehle ich zu hinterfragen, warum sie gerne rauchen. Was ist denn so schön daran? Ist es der ekelige Geruch? Ist es die Geselligkeit in der Raucherecke? Ist es der vermeintliche Entspannungsmoment? Also die Möglichkeit, sich zu entspannen oder sich eine Fünf-Minuten-Auszeit vom Stress zu nehmen? Rauchen ist in Wirklichkeit nur eine vorgetäuschte Entspannung.

Die eingeatmeten Gifte lösen im Körper eine Stressreaktion aus, deren Abbau mehr Kraft und Energie kostet, als dieser kurze, vermeintliche Entspannungsmoment einbringt. Es gibt sicherlich viele Gründe zu rauchen, aber kein einziger ist logisch.

Meine Entwöhnungsmethode selbst ist etwas unkonventionell. Du musst dabei sogar weiter rauchen und bestimmst selbst, wie viel Zeit du dir zum Aufhören nehmen willst. Der Zeitraum sollte allerdings zwischen drei und neun Monaten liegen, je nachdem, was du dir zumuten kannst. Am Ende des Programms wirst du keine körperlichen Entzugserscheinungen haben. Du musst dann nur noch das letzte übrig gebliebene bisschen Gewohnheit ausschalten. Das ist dann ein Kinderspiel und das kannst du mir als ehemaligen Kettenraucher glauben. Für diejenigen, denen diese Methode zu lange dauert biete ich einen 1- oder 7-tägigen Nichtraucherkurs an.

Alle Infos dazu findest du auf meiner Internetseite
www.dennisraspe.com.

1. die Vorbereitung: verschaffe dir mehr mentale Stärke.

Deine Mentale Stärke setzt sich aus deinen persönlichen Überzeugungen, Einstellungen und Denkprozessen zusammen, die dafür sorgen, dass du dir Ziele stecken und Motivation aufbringen kannst, aber auch Misserfolge wegstecken kannst. Mentale Stärke ist dementsprechend wichtig, da dein Geist den Willen bekundet mit dem Rauchen aufzuhören. Mentale Stärke intensiviert deinen Willen und Rückschläge werden seltener und können besser verkraftet werden. Es fällt dir leichter, nein zu sagen und stark zu bleiben. Diese Willenskraft kannst du beeinflussen und durch einfache Übungen stärken.

Um diesen Bereich zu trainieren, können dir meine beschriebenen Meditationen weiterhelfen. Du findest sie im Kapitel „Meditation". Führst du diese Konzentrationsübungen regelmäßig durch, benötigst du keine falschen Entspannungsmomente mehr, da du bereits durch deine täglichen Meditationen entspannt und ausgeglichen bist.

Hier noch eine hilfreiche Affirmation, die dich in deinem Vorhaben des Nichtrauchens und deiner neu erlangten mentalen Stärke unterstützen soll:

Ich bin immer sehr stark und selbstbewusst.

2. den Plan umsetzen.

Damit beginnst du zeitgleich zum Mentaltraining. Als erstes legst du fest, wie viel Zeit du dir für das Entwöhnungsprogramm nehmen möchtest. Ich beschreibe es am Beispiel von sechs Monaten. Solltest du in den ersten Tagen bemerken, dass du doch lieber schneller oder langsamer vorgehen möchtest, kannst du das noch anpassen. Von ständigen Wechseln rate ich ab.

→ *Bei einer Dauer von sechs Monaten, teilst du den weißen Bereich einer Zigarette durch sieben, damit du im letzten Monat noch ein kleines Stück übrig hast. Das ist das Maß, das du ab sofort jeden Monat von deiner Zigarette abtrennst.*

1. Monat

Schritt eins
Kaufe dir einen Monatsvorrat an Zigaretten deiner Lieblingsmarke.

Schritt zwei
Nimm die erste Schachtel, hole alle Zigaretten heraus und lege sie aufgereiht nebeneinander. Wenn du möchtest, rauche eine davon.

Schritt drei
Jetzt schneidest du den vorderen Zentimeter aller Zigaretten ab und schmeißt ihn in den Müll. Wenn alle nebeneinander liegen, kannst du sie leicht markieren und dir so Aufwand ersparen. Das wiederholst du bei deinem gesamten Monatsvorrat und legst die Zigaretten wieder in die Schachteln.

Wichtig ist, dass du das jetzt bei deinem gesamten Vorrat machst. Dadurch gibt es kein Zurück mehr. Was ab ist, ist ab! Es ist aber noch so viel dran, dass du kaum einen Unterschied bemerken wirst.

→ *Anmerkung*

Der psychologische Trick hierbei ist, dass du das Ritual des Abtrennens in einem Durchgang für alle Zigaretten durchführst. Dadurch, dass deine Sucht durch die Zigarette gerade befriedigt wurde, stellst du dieses Vorgehen kaum in Frage. Dadurch, dass du jetzt weniger Nikotin aufnimmst als normalerweise, durchlebst du einen kleinen Entzug, der aber absolut minimal und locker auszuhalten ist. Innerhalb der nächsten drei bis fünf Tage gewöhnt sich deine Psyche an die neue Zigarettenlänge. Sie wird für dich zur Normalität. Du wirst dadurch auch nicht mehr rauchen. Diese neue Länge reicht, um dich und deine Sucht zu befriedigen. Denn wie häufig du dir eine Zigarette am Tag anzündest, hängt viel mit deinen bisherigen Gewohnheiten und deinem Tagesablauf zusammen. Daran wird aber nichts verändert. Das behältst du jetzt für einen Monat bei.

Die Frage der Verschwendung erübrigt sich, da es egal ist, ob du eine ganze Zigarette verbrennst oder einen Teil davon wegschmeißt. Es ist auch nicht schade darum, denn es ist nur krebsverursachender Tabak, der zum Glück vernichtet wird.

Zur Frage, die mir gestellt wurde, ob es nicht einfacher sei, lieber jedes Mal weniger Züge bei einer Zigarette zu machen, muss ich folgendes sagen: Das hat meist keinen dauerhaften Erfolg, da man das über diese lange Zeit konsequent durchhalten muss. Wenn die Zigarette von vornherein kürzer ist, ist das einfach und man verhindert in schwachen Momenten, dass man „ausnahmsweise" mal mehr Züge als geplant macht.

2. Monat

Schritt eins

Kaufe dir deinen Monatsvorrat deiner Zigarettenmarke. Du hast eventuell noch zugeschnittene Zigaretten aus dem vorherigen Monat übrig, diese verarbeitest du gleich als erstes.

Schritt zwei

Mache jetzt das gleiche wie im ersten Monat. Rauche eine gekürzte Zigarette vom letzten Monat und lege dir die restlichen nebeneinander, sodass du sie gut markieren kannst. Dann schneidest du zwei Zentimeter ab, ausgehend von der Originallänge. Bei denen, wo schon ein Zentimeter fehlt, also nur noch einen. Der Rest bleibt wie gehabt.

> → *Anmerkung*
> *Jetzt hast du deinen Zigarettenvorrat für den nächsten Monat und die Psyche wird sich wieder schnell an die neue Länge gewöhnen und sie als normal ansehen.*

3. Monat

Du führst diese Schritte jetzt die verbleibenden Monate so lange durch, bis die Zigarette so kurz wird, dass du nur noch drei Züge inhalieren kannst. Die Zigarette ist nun so kurz, dass du dir beim Anzünden beinah die Nase verbrennst. Jetzt bist du nur noch minimal nikotinsüchtig und hast fast keine Entzugserscheinungen, wenn du nicht rauchst. Und auf das Selbstwertgefühl wirkt es sehr stärkend, da du das alles selbst geschafft hast ohne Nikotinpflaster, Kaugummi oder Hypnose. Du kannst jetzt den letzten Schritt machen. Es ist nur noch die Gewohnheit, die aber keinen Sinn mehr ergibt.

Dein Verstand erkennt, dass es unsinnig ist, eine Zigarette mit nur drei Zügen zu rauchen.

Rauchst du die langen 100er Zigaretten, kannst du im ersten Monat auf die Standardlänge umsteigen. Du musst für die Entwöhnung einen Monat länger einplanen.

Hast du dieses Programm in deiner festgelegten Zeit absolviert und bist nun Nichtraucher, kannst du stolz auf dich und deinen Erfolg sein. Du kannst nun die vielen Vorteile des Nichtrauchens sowie deine zurückgewonnene Freiheit und Lebenszeit genießen. Du wirst schon nach kurzer Zeit frischer aussehen, besser schmecken und riechen können und dich aktiver fühlen. Halte dir diese Vorteile stets vor Augen. **Dein neues Lebensgefühl und mentale Stärke schützen dich auch in schwachen Momenten vor einem Rückfall!**

Es liegt in der Natur des Menschen seine Persönlichkeit stetig weiterzuentwickeln und eigene Ziele zu verfolgen. Lebensziele geben Halt und sind der Grundstein zur Selbstbestimmung. Sie wirken wie der Antrieb für deinen Motor. Selbstbestimmte Menschen sind glücklicher, freier und gesünder.

Diese Selbstbestimmung beginnt bei dir, deinem Körper, deinem Geist und deiner Gesundheit. Evolutionär ist eines der obersten Ziele des Menschen die Erhaltung der körperlichen Gesundheit. Nur so kann der Mensch überleben und seine Gene weitergeben. Doch viele Faktoren, die du nun kennst, haben dazu geführt, dass der Mensch zunehmend unachtsam und sogar gefährdend mit dem hohen Gut Gesundheit umgeht. Wieder selbstbestimmt über deinen Körper und dessen Gesundheit zu entscheiden, gibt dir eine wichtige Kompetenz zurück. Im Alter kannst du davon profitieren und die wertvollen Jahre gesund und glücklich ausschöpfen. Das Ziel „ich möchte gesund und so natürlich wie möglich leben" ist ein wichtiger Schritt deine Weiterentwicklung selbst zu bestimmen und Lebensziele anzupacken. Neues Wissen über versteckte Gefahren deines Alltags, die du bisher als „normal" bewertet hast, geben dir Selbstvertrauen und Sicherheit. Deine Umgebung profitiert davon, denn selbstbestimmte Menschen vermitteln Stärke und Erfolg. Deine anhaltende Gesundheit gibt dir Sicherheit und Geborgenheit und erfüllt dich im Inneren.

Vielleicht ist es nicht möglich, alle im Buch enthaltenen Anregungen direkt umzusetzen, dennoch schärfst du dein Bewusstsein und kannst neu darüber entscheiden was dir gut tut und was dir schadet.

Das Gute daran ist, dass auch eine kleine Veränderung letztlich einen großen Effekt haben wird. Wie bei einem Dominoeffekt, sorgt die (positive) Veränderung kleiner Gewohnheiten dafür, dass auch andere Lebensbereiche davon profitieren und weitere gesundheitsfördernde Veränderungen nach sich ziehen.

Über viele entscheidende Aspekte hast du bisher vielleicht noch nicht nachgedacht – umso besser helfen dir die neuen Anregungen in deiner Weiterentwicklung in ein gesünderes und selbstbestimmtes Leben.

Referenzen

Guthold, Regina & Stevens, Gretchen & M Riley, Leanne & C Bull, Fiona. (2018). Worldwide trends in insufficient physical activity from 2001 to 2016: a pooled analysis of 358 population-based surveys with 1·9 million participants. The Lancet Global Health. 6. 10.1016/S2214-109X(18)30357-7.

Statistisches Bundesamt (2019): Todesursachen nach Krankheitsarten 2017. URL: https://www.destatis.de/DE/Themen/Gesellschaft-Umwelt/Gesundheit/Todesursachen/_inhalt.html. [Stand: Oktober 2019]

Ziebarth, Nadja (2019): Bundesamt für Umwelt und Natur e.V. 2019: MIKROPLASTIK und andere Kunststoffe in Kosmetika. Der BUND-Einkaufsratgeber. PDF in: https://www.bund.net/fileadmin/user_upload_bund/publikationen/meere/meere_mikroplastik_einkaufsfuehrer.pdf (Stand: August 2019)

Zeitfracht Medien GmbH
Ferdinand-Jühlke-Straße 7
99095 Erfurt, Deutschland
produktsicherheit@kolibri360.de